改訂3版

イラスト解説だから、
はじめてでもわかる

経理の教科書 1年生

オールカラー版
ALL COLOR・ALL COLOR
ALL COLOR・ALL COLOR

税理士 宇田川 敏正

JN055278

新星出版社

はじめに

　この本は、これから経理の仕事につく人を対象にしたハウツー本です。お仕事の基本を、イラストを多用していねいに、わかりやすく説明しているので、簿記や会計の知識がゼロという初心者でも安心して読み進め、理解することができるようにしました。

　まず、経理1年生の方に理解していただくため、内容を大切なことだけに絞り込んでいます。

　また、最近は多くの会社がパソコンの会計ソフトを導入しているため、簿記の知識がなくても現場である程度お仕事をこなすことができるようになりました。そのため、かつてはベテランの経理担当者が新人をマンツーマンで指導する姿をよく目にしましたが、最近はパソコンの操作方法をおしえれば十分だと考えてしまう人も少なくないようです。

　でも、どんなに業務が効率化されようとも、基本がいらないということには絶対にありません。あなたがなんのために経理のお仕事をしているのかは、仕事の本質を理解することなしにはできないからです。やりがいをもって仕事にあたるには、お仕事の目的を知ることと、基本を身につけることが大前提なのです。

　与えられた職務を最低限のレベルでそつなくこなしていくか？　それとも、目的をもって仕事にあたり、社会人としてさらなるステップアップをはかっていくか？　後者を選択した人にとっては、この本がおおいに役立つはずです。

　この本との出会いをきっかけにして、あなたが仕事にやりがいを見い出し、自分の望むような豊かな人生を歩んでくれれば、監修者としてこれ以上の喜びはありません。

宇田川 敏正

本書の解説は、2023年12月時点での法令等をもとに解説しています。

Contents

Contents

＊スタッフ＊
デザイン・装丁＝田中律子
イラスト＝ Bikke
DTP ＝田中由美
編集協力＝村瀬航太
有限会社 クラップス

はじめまして。
白井みきと申します。

このたび経理部に配属されることとなりました。
右も左もわからない、ふつつか者ですが、
どうかよろしくお願いします。

大きな声ではいえませんが、私、数字が苦手です……。
これまで一度もお小遣い帳をつけたことがありませんし、
給料明細書や貯金通帳の見方もよくわかっていません。

そんな私が経理部に配属されることが決まり、
私は不安を感じています。
きっとストレスなのでしょう。
体重がひと月で2キロ増えてしまいました。

そんなようすを見かねて、経理部のカナコ先輩が、
みずからコーチ役を買って出てくれることになりました。

やさしい先輩は「わからないことはなんでも聞きなさい」といいます。
だけど、今の私は、
"何がわからないことなのかすらわからない"という状況なのです。

皆さん、どうか最後まで見捨てずに、経理の勉強に付き合ってください。

皆さん、こんにちは。
経理部の豊田カナコです。

今回、経理部の先輩として、
新人の指導役をつとめることになりました。

いつのまにかベテランだなんて持ち上げられるようになりましたが、
私が経理部に配属されたウン年前は、会計のことが何もわからず、
先輩や上司に迷惑をかけてばかりでした。

そんな私でも、月日が経つにつれて少しずつ仕事をおぼえて、
会計全般の仕事を任せられるようになりました。

経理の仕事は、日々勉強の連続です。
法令が改正されれば新しいルールを学び、
新しい会計ソフトの習得にも励まなければなりません。

白井さんには、ゆっくりと確実に基本業務をおぼえてもらい、
皆さんとともに、経理の仕事のやりがいと楽しさを
知ってもらいたいと思います。

PART
1

経理の仕事 基本の基本

取引ってなんだ?
お金や商品・サービスのやりとり

経理の仕事は、会社を中心としたお金や商品・サービスの動きを把握し、出ていくお金と入ってくるお金を管理することです。会社が利益を上げるには、一つひとつの取引を正確に記録し、集計して、整理しなければなりません。

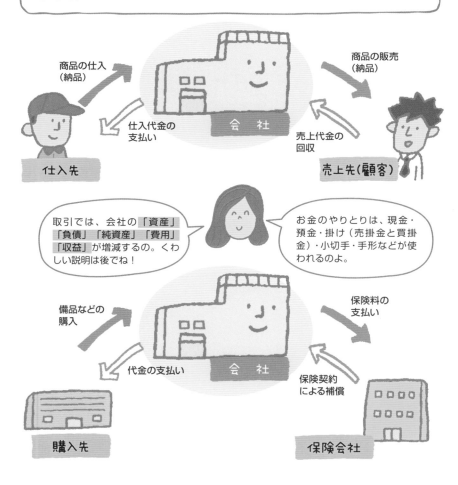

投　資

配　当

株主・投資家

預金の預け入れ、
借り入れの返済

会　社

BANK

預金の引き出
し、借り入れ

銀　行

労　働

給料の支払い

会　社

従業員

納　税

税務署・自治体

私たち社員に給料
が支払われるの
も、取引の一つな
んですね。

CHECK!

□ お金や商品・サービスのやりとりを
「取引」という

□ 取引では、会社の「資産」「負債」「純
資産」「費用」「収益」が増減する

□ 帳簿には、会社を中心にしたすべて
の取引が記録される

KEY WORD

「取引」とは？

帳簿に記録される、お金や商品・サービス
のやりとり。ちなみに「簿記」とは、帳簿に
すべての取引を記入することをいいます。

ざっくりとおぼえたい
経理の仕事の流れ

経理の仕事の最終的な目標は、日々の取引を帳簿に記入し、それらを集計して一年の総まとめとしての「決算書」を作成することです。もちろん、その過程にも、仕入代金や経費、従業員への給料の支払いといった大事な仕事があります。

毎日 ## 現金出納業務
054ページ～

売上金の入金や、経費の清算などを行います。

毎日 **月1** ## 預金管理業務
082ページ～

預金口座を見て入金や出金を確認します。

毎日 **月1** ## 売上取引の業務
096ページ～

請求書を作成して取引先に送付したり、入金状況の確認などをします。

毎日 **月1** ## 仕入取引の業務
104ページ～

請求書にしたがって仕入代金を期日までに支払います。

後でまとめてやろうなんて思っちゃダメ！　毎日の積み重ねが決算書につながるのよ。

毎日 ## 伝票や帳簿の作成
020ページ〜

簿記のルールにしたがって、日々の取引を伝票や帳簿に記入します。

はいっ！

月1 ## 給料計算
110ページ〜

従業員一人ひとりの給料を計算して、支払います。

年1 ## 決算書の作成
128ページ〜

決算書は、年間のお金の動きをまとめた大切な書類です。

CHECK!

☐ 日々の取引を伝票や帳簿に記入し、一年に一度、決算書を作成する

☐ 会社の損益は、決算書によって確定する

☐ 預金残高が不足して支払いが滞らないように、資金繰りをする

KEY WORD

「資金繰り」とは？

現預金などのお金をやりくりすることです。資金が不足しそうな場合は、銀行からの借入などによって資金不足を補います。

まずはこれだけおぼえたい

経理が扱う帳簿

経理担当者が会計処理のために扱う書類を「帳簿」といいます。ここでは、これから会計処理を学んでいく上でおぼえておきたい、代表的な帳簿について紹介します。聞き慣れない用語もありますが、重要なキーワードなので頭に入れておいてください。

帳簿の種類　～主要簿と補助簿

　経理担当者は、会社の取引をすべて帳簿に記録していきます。経理が扱う帳簿は、「主要簿」と「補助簿」に大きく分けることができます。

主要簿　　主要簿とは、「仕訳帳」と「元帳（＝総勘定元帳）」のことをいいます。仕訳帳には、すべての取引が発生した日付順に記録。元帳には、すべての取引が勘定科目ごとにまとめられています。どちらも経理業務の最終的な目的である「貸借対照表」や「損益計算書」などの決算書を作成するのに欠かせない帳簿です。

元帳は、仕訳帳をもとに、すべての取引を勘定科目別にまとめたもの。「総勘定元帳」が正式な名前だけど、元帳と呼ばれるのが一般的よ。

仕訳帳には、すべての取引が発生順に記録されているの。

補助簿	補助簿とは、取引内容を具体的に把握し、主要簿の記録を補うための帳簿。現金や預金の出入りだけを記録する「現金出納帳」や「預金出納帳」、特定の仕入先との取引だけを記録する「仕入先元帳」などがあります。

企業が必要に応じて作成。どんな補助簿を使用するかは、業種によっても変わるのよ。

仕訳帳と同じ役割をもつ「伝票」

仕訳帳と同じような役割を果たすものに「伝票」というものがあります。一つの取引を一枚の伝票に記録する会計伝票は、複数の人で手分けして処理するのに便利です。そのため、多くの会社では仕訳帳のかわりに伝票を使っています。

仕訳帳のかわりに「伝票」が用いられることもあるわ。伝票に記入された情報をパソコンで入力すれば、会計処理もラクなの。

CHECK!

☐ 経理が扱う帳簿は、主要簿と補助簿に分けることができる

☐ 仕訳帳には、すべての取引が発生した日付順に記入されている

☐ 元帳には、すべての取引が勘定科目ごとにまとめられている

※本書では、特に明記がない限り「元帳＝総勘定元帳」としています。

文字や数字を記入する

文字や数字を記入するときの基本ルールをおぼえましょう。ここで心がけたいのは、誰が見ても読み間違いがないように、ていねいに書くということ。ごく当たり前のことですが、ベテランでさえも軽視してしまいがちな、もっとも大切なポイントの一つです。

略字やくずし字は、読み間違いのもと！

　速やかに書くことも大事ですが、何よりも肝心なのは、読みやすい字で正確に書くこと。本人は読みやすく書いたつもりでも、略字やくずし字は読み間違いの原因になるので、楷書でていねいに書くことを心がけましょう。

「丸文字」はNG！

1234567890

「門」のかわりに「门」、「職」のかわりに「耺」、「権」のかわりに「权」を用いるのはNG！　そのほか、「佪（個）」、「品（品）」、「旺（曜）」、「丼（第）」、「奌（点）」なども気をつける。

> 読みやすい文字を書くことが大切！ "美文字"である必要はありませんが、クセ字や悪筆は普段から意識的に直していきましょう。

アラビア数字で書く

1234567890

> 雑に書くと読み間違えやすい数字は、「1」と「7」、「0」と「6」など。金額の読み間違いは致命的なミスになりかねないので慎重に！

3桁ごとにカンマを入れる

桁の多い数字は、計算間違いがないように、3桁ごとにカンマを入れるのが一般的です。慣れないうちは違和感をおぼえますが、カンマが1つで千、カンマが2つで百万、カンマが3つで十億と頭に入れておくと、混乱せずに済みます。

1,000　　**一千円**

カンマが1つの場合は、〜千円

1,000,000　**一百万円**

カンマが2つの場合は、〜百万円

1,000,000,000　**十億円**

カンマが3つの場合は、〜十億円

一、十、百、千、万、十万……と数えずに、カンマの数を見ただけで、すぐに金額がいえるようになろう！

よろしく

カンマに注目ね

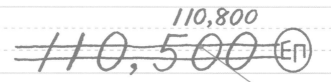

110,800

~~¥110,500~~ ㊞

間違った数字だけではなく、金額全体を訂正。

CHECK!

☐ 伝票や帳簿に記入する文字や数字は、読みやすい字で、正確に書く

☐ クセ字や悪筆は普段から意識的に直しておく

☐ 桁の多い数字は、3桁ごとにカンマを入れて表す

書き間違えたときの訂正のしかた

数字を書き間違えたときは、定規を当てて二重線を引き、その上に正しい数字を書き直しましょう。二重線の上に訂正印を押せば、誰が訂正したかを明確にすることができます。

会計ソフトを使った記帳が主流

手書きで帳簿づけをする場合、仕訳帳に記帳したものを別の帳簿に書き写さなければなりません。しかし、会計ソフトが普及してからは手書きの必要がなくなり、自動的に転記されるようになりました。ただし、本書では経理の基本を理解してもらうために、手書き帳簿を使う方法を解説しています。

会計ソフトが導入されていれば、こんなにラク

会計ソフトは、帳簿の作成をパソコンで行うためのツールです。会計ソフトを利用すれば、簿記の経験がなくても毎日の帳簿づけをこなし、面倒な転記などの作業を省略して、試算表（128ページ参照）や決算書のベース資料を自動的に作成することができます。

日々の仕訳処理

仕訳帳に勘定科目や金額などを入力すれば、総勘定元帳や各種補助簿に自動的に記帳（転記）してくれます。

> 借方・貸方の記入ルールの知識が少なくても大丈夫！　貸借の不一致があれば、その場で教えてくれるのよ。

合計金額の自動計算

金額を入力すれば合計額などが計算されるので、電卓は不要となり計算ミスが無くなります。3桁ごとに入れるカンマも自動的に入力されます。

試算表と決算書の作成

転記ミスがなくなるので、残高はいつも一致。集計の手間が省けるので、決算がラクになります。税金の申告までサポートしてくれる会計ソフトもあります。

給料計算ソフトを導入していれば、基本給、各種手当、勤怠データを入力するだけで、給料明細書を作成できるの。

基本を理解しておけばやりがいをもって仕事にのぞめる

とはいうものの、仕事のしくみを理解しないまま、機械的に作業をするだけでは経理担当者として十分ではありません。本書で経理の基本を理解しておけば、会社全体のお金の動きを把握し、やりがいをもって仕事にのぞむことができます。

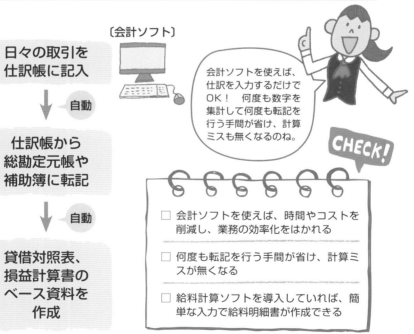

〔会計ソフト〕

日々の取引を
仕訳帳に記入

↓ 自動

仕訳帳から
総勘定元帳や
補助簿に転記

↓ 自動

貸借対照表、
損益計算書の
ベース資料を
作成

会計ソフトを使えば、仕訳を入力するだけでOK！ 何度も数字を集計して何度も転記を行う手間が省け、計算ミスも無くなるのね。

CHECK!

- □ 会計ソフトを使えば、時間やコストを削減し、業務の効率化をはかれる
- □ 何度も転記を行う手間が省け、計算ミスが無くなる
- □ 給料計算ソフトを導入していれば、簡単な入力で給料明細書が作成できる

お札を数える

経理担当者は、金庫の中にある現金の残高を確認したり、
出張や接待の仮払金（074ページ参照）を受け渡す場面で、
お札を数えることが少なくありません。

スマートなお札の数え方！

① お札のシワを伸ばし方向をそろ
えたら、お札の下を左手の中指
と薬指の間にはさみこみます。

② 左手の親指でお札を
押さえ、次に右手の
親指と人差し指でお
札の上をつまみ、向
こう側に折ります。
その際、数えやすい
ようにお札をずらし
ます。

左手の親指は、お札を軽く
押さえる程度。右手の親指
を軽く湿らせておくと、お
札がすべらず、数えやすく
なります。

③ 右手の親指と人差し指
を使って一枚一枚、手
前側に弾くようにして、
お札を数えます。

念のためにもう一度数え
ましょう。特に新札は、数
えづらいので要注意！

簿記の基礎知識

簿記の基本①
複式簿記をおぼえる

簿記とは"帳簿記入"の略であり、企業の経営活動を帳簿に記録するためのルールを定めたものです。お小遣い帳や家計簿をつけて家計を把握するように、会社ではお金の動きを「複式簿記」といわれる方法で記録して、会社の経営活動を把握します。

簿記の種類　～単式簿記と複式簿記

簿記には「単式簿記」と「複式簿記」の2種類の記入方法があります。本書で学ぶのは、企業で利用されている複式簿記の記入方法ですが、お小遣い帳や家計簿に代表される単式簿記とくらべながら、複式簿記でつけることの意味を確認しましょう。

単式簿記　　単式簿記は、お小遣い帳や家計簿のように、入ってくるお金と出ていくお金を毎日記録する記入方法です。月末に収入と支出の差額を計算することで、現金の残高を把握できます。

しかし、この方法では、現金の残高を知ることはできても、水道光熱費の総額や預金残高などは、該当する項目を拾い上げて再度計算しないとわかりません。

例）お小遣い帳

	［支　出］		［収　入］	
9月2日	ガ　ス	3,600 円		
9月5日	洋服代	5,700 円		
9月6日	電　話	5,000 円		
9月8日	電　気	6,800 円		
9月10日			仕送り	30,000 円
9月17日	水　道	4,400 円		
9月19日	デート	9,000 円		
9月25日			バイト代	85,000 円
9月26日	飲み会	6,000 円		
9月29日	貯　金	10,000 円		
9月30日	家　賃	50,000 円		
9月の合計		100,500 円		115,000 円

※9月末の現金残高
115,000 円（収入合計）－ 100,500 円（支出合計）＝ 14,500 円

単式簿記はお小遣い帳や家計簿のようなものね。

月末に収入と支出の差額を計算すれば、月末の現金残高がわかります。

複式簿記

複式簿記は、一つの取引を事実と理由に分けて、「借方（かりかた）」（左側）と「貸方（かしかた）」（右側）で記録する記入方法です。取引の内容は、「勘定科目」というあらかじめ決められた項目を用いて表されます。

つまり、帳簿を見れば、月末の現金残高という事実だけでなく、どのような取引によって現金が増減したかという理由がわかるわけです。

先ほどのお小遣い帳を、企業の取引に置き換えて借方と貸方に分けると、次のようになります。

<9月6日>
5,000円の現金が出ていったという事実と、5,000円の電話代（勘定科目は「通信費」）を支払ったという理由が、それぞれ貸方と借方に示されています。

	〔 借 方 〕		〔 貸 方 〕	
9月2日	水道光熱費	3,600 円	現 金	3,600 円
9月5日	備 品	5,700 円	現 金	5,700 円
9月6日	通信費	5,000 円	現 金	5,000 円
9月8日	水道光熱費	6,800 円	現 金	6,800 円
9月10日	現 金	30,000 円	雑収入	30,000 円
9月17日	水道光熱費	4,400 円	現 金	4,400 円
9月19日	接待交際費	9,000 円	現 金	9,000 円
9月25日	現 金	85,000 円	売 上	85,000 円
9月26日	接待交際費	6,000 円	現 金	6,000 円
9月29日	預 金	10,000 円	現 金	10,000 円
9月30日	賃借料	50,000 円	現 金	50,000 円

<9月25日> 85,000円の現金が入ってきたという事実と、85,000円のバイト代（勘定科目は「売上」）を受け取ったという理由が、それぞれ借方と貸方に示されています。

CHECK!

複式簿記は、会社の家計簿なんですね。

同じ勘定科目の金額を合計すれば、水道光熱費や接待交際費の総額もすぐに求められるわ！

- □ 簿記には、単式簿記と複式簿記の2種類の記入方法がある

- □ 複式簿記では、一つの取引を事実と理由に分けて、借方と貸方に記入する

- □ 借方と貸方に記入される取引の内容は、勘定科目という項目で表される

借方と貸方に分けて記入する方法を「仕訳」と呼ぶ。仕訳については022ページ以降で詳しく説明。

簿記の基礎知識

2

簿記の基本① 複式簿記をおぼえる

簿記の基本②

仕訳をする

「仕訳」とは、一つの取引を事実と理由に分けて頭の中で整理し、「複式簿記」のルールにしたがって帳簿に記入すること。経理の現場では、「仕訳をする」「仕訳をきる」などと表現されることがあります。

一つの取引を事実と理由に分ける

複式簿記では、一つの取引を事実と理由に分けて、帳簿に記入します。帳簿の左右の欄は、「借方」「貸方」と呼ばれ、それぞれに事実と理由の説明にふさわしい「勘定科目」と金額が入ります。

このような作業を「仕訳」といい、経理担当者の仕事はこの仕訳をすることが基本になります。言葉ではなかなか理解しにくいと思うので、100円のノートを買ったときの仕訳を例に説明しましょう。

この取引では、「現金100円を支払った」という事実と、「100円のノートを手に入れた」という100円が減った理由が、それぞれ「消耗品費」と「現金」という勘定科目に仕訳され、帳簿の左右の欄に記入されています。

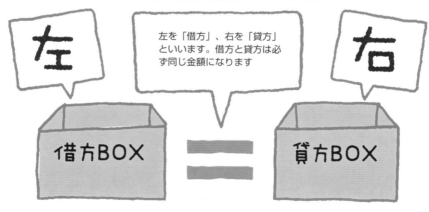

左を「借方」、右を「貸方」といいます。借方と貸方は必ず同じ金額になります

例) 100円のノートを現金で買ったとき

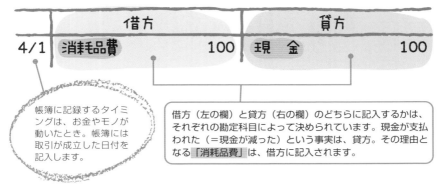

	借方		貸方	
4/1	消耗品費	100	現　金	100

帳簿に記録するタイミングは、お金やモノが動いたとき。帳簿には取引が成立した日付を記入します。

借方（左の欄）と貸方（右の欄）のどちらに記入するかは、それぞれの勘定科目によって決められています。現金が支払われた（＝現金が減った）という事実は、貸方。その理由となる「消耗品費」は、借方に記入されます。

次は、20,000円の商品を売って現金を得たときの仕訳です。

この取引では、「現金20,000円を受け取った」という事実と、「20,000円の商品を売り上げた」という20,000円の現金が増えた理由が、それぞれ「現金」と「売上」という勘定科目に仕訳されます。

例) 20,000円の商品を現金で売ったとき

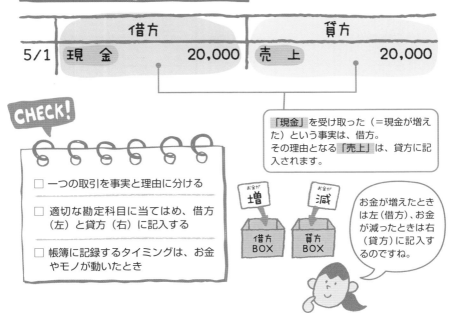

	借方		貸方	
5/1	現　金	20,000	売　上	20,000

CHECK!

「現金」を受け取った（＝現金が増えた）という事実は、借方。
その理由となる「売上」は、貸方に記入されます。

□ 一つの取引を事実と理由に分ける

□ 適切な勘定科目に当てはめ、借方（左）と貸方（右）に記入する

□ 帳簿に記録するタイミングは、お金やモノが動いたとき

お金が増 増

お金が減 減

借方BOX　貸方BOX

お金が増えたときは左（借方）、お金が減ったときは右（貸方）に記入するのですね。

簿記の基本③
勘定科目をおぼえる

簿記をマスターするには勘定科目をおぼえなければなりません。すべてを頭に入れるのはたいへんかもしれませんが、毎日の業務の中で使われる勘定科目は、意外に限られているので、まずは使用頻度の高いものからおぼえていけば大丈夫です。

勘定科目の5つのグループ

「勘定科目」とは、仕訳のときに用いる取引の項目名です。その数は100を超えるといわれ、名称や分類もさまざまです。本書では一般的に用いられている名称を使って説明していますが、実際の現場では職場によって決められた勘定科目名を使います。

勘定科目は、「資産」「負債」「純資産」「収益」「費用」という5つのグループに分類されます。

［負債］
買掛金や未払金、借入金などの返済が必要なもの（債務）

［資産］
現金や商品などの財産や、売掛金や貸付金などの債権

［純資産］
資本金などの返済が必要ないもの

［収益］
売上や受取利息など、入ってきたお金

［費用］
従業員への給料や広告費など、使ったお金

各グループのおもな勘定科目については、**026**ページ以降で紹介します。

貸借対照表と損益計算書

簿記の最終的な目的は、会社の財政状態を記録して、一年間の経営成績を明らかにすることです。一年が終わると、会社は決算のために必要な「貸借対照表」や「損益計算書」を作成します。

「資産」「負債」「純資産」のグループに属する勘定科目の残高を一覧にまとめた表です。

一年間の「収益」と「費用」の内容と金額、そして利益（または損失）が示されています。

「貸借対照表」は期末時点での会社の財政状況を明らかにしたもの。「損益計算書」を見れば、会社が一年間でどのくらいの利益を得たかがわかるわ！

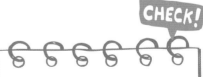

CHECK!

☐ 勘定科目とは、仕訳のときに用いる取引の項目名

☐ 資産、負債、純資産のグループは、貸借対照表に反映される

☐ 費用と収益のグループは損益計算書に反映される

勘定科目①
資産のグループ

資産とは、簡単にいえば、会社の財産になるもの。毎日の業務の中で使われる勘定科目は、現金、預金、売掛金、仮払金などです。このグループに属する項目の仕訳では、増加したら借方（左）へ、減少したら貸方（右）へ記入するとおぼえておきましょう。

資産が増えたら借方へ、資産が減ったら貸方へ

資産とは、現金、預金、建物などの財産や、売掛金や貸付金などの債権（お金を受け取る権利）のことです。

仕訳では、資産が増加したら借方（左）へ、資産が減少したら貸方（右）へ記入します。

15,000円の売上代金を現金で受け取ったときの仕訳を見ていきましょう。

この取引では、「15,000円を現金で受け取った」という事実と、「15,000円の商品を売り上げた」という理由が、それぞれ「現金」と「売上」という勘定科目に仕訳され、帳簿の左右の欄に記入されています。

例） 15,000 円の売上代金を現金で受け取ったとき

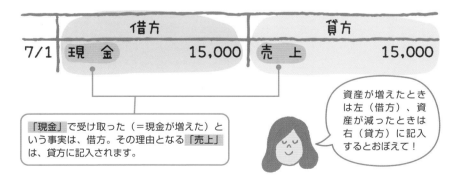

	借方		貸方	
7/1	現　金	15,000	売　上	15,000

「現金」で受け取った（＝現金が増えた）という事実は、借方。その理由となる「売上」は、貸方に記入されます。

資産が増えたときは左（借方）、資産が減ったときは右（貸方）に記入するとおぼえて！

おもな勘定科目 【資 産】　★は、毎日の業務の中でよく使われる勘定科目

- ★ **現金** (げんきん)
  紙幣や硬貨のほか、すぐに現金に換えられる小切手など

- ★ **小口現金** (こぐちげんきん)
  小口の経費の支払いを行うために、手元においてある少額の現金

- ★ **預金** (よきん)
  銀行などの金融機関に預け入れているお金

- ☐ **受取手形** (うけとりてがた)
  商品を売ったときに受け取った約束手形など

- ★ **売掛金** (うりかけきん)
  商品やサービスを掛けで売ったときに発生する債権

- ☐ **未収入金** (みしゅうにゅうきん)
  本業で販売する商品以外のものを掛けで売ったときに発生する債権

- ☐ **有価証券** (ゆうかしょうけん)
  売買目的で一時的に保有する株式、国債、社債など

- ☐ **貸付金** (かしつけきん)
  取引先や従業員にお金を貸し付けたときに発生する債権。1年以内に返済が行われる予定で貸し付けたものを「短期貸付金」、1年以上先のものを「長期貸付金」という

- ★ **仮払金** (かりばらいきん)
  まだ精算されていない経理からの出金

- ☐ **立替金** (たてかえきん)
  取引先や従業員に対する一時的な立替払い

- ☐ **前渡金** (まえわたしきん)
  手付金や内金など、商品の代金の一部または全部を前払いしたもの

- ☐ **前払費用** (まえばらいひよう)
  まだ提供を受けていない継続的な取引やサービスに対して前払いしたもの

- ☐ **建物** (たてもの)
  事業用の事務所、倉庫、店舗など

- ☐ **車両運搬具** (しゃりょううんぱんぐ)
  営業車の乗用車や輸送用のトラックなど

- ★ **備品** (びひん)
  10万円以上の事務机や応接セット、コンピューターなど

- ☐ **土地** (とち)
  建物や駐車場、資材置き場などの土地

> 「売掛金」は本業の商品、「未収入金」は本業で販売する商品以外のものを売却したときの債権のこと。どちらも将来に支払いが約束されている未回収のお金ね！

> 「仮払金」と「前渡金」も混同しやすいので注意。前者は出張の際に前もって渡すまとまったお金。後者はいわゆる内金や手付金のことなの。

CHECK!

- ☐ 資産とは、現金、預金、建物などの財産や、売掛金や貸付金などの債権
- ☐ 会社が保有する土地や建物なども資産のグループである
- ☐ 仕訳では、資産が増加したら借方へ、資産が減少したら貸方へ記入する

勘定科目②

負債のグループ

負債とは、わかりやすくいえば、会社の借金にあたるもの。借入金、買掛金、支払手形など、会社が支払わなければいけない借金や債務のことです。負債のグループの仕訳では、増加したら貸方（右）へ、減少したら借方（左）へ記入するとおぼえましょう。

負債が増えたら貸方へ、負債が減ったら借方へ

　資産がプラスの財産だとしたら、負債はマイナスの財産。銀行から現金を借り入れる借入金以外にも、商品を掛けで仕入れた場合の買掛金など、後日支払わなければならない債務もふくまれます。

　仕訳では、負債が増加したら貸方（右）へ、負債が減少したら借方（左）へ記入します。

　10,000円の商品を仕入れ、代金を後で支払うことを約束したときの仕訳を見ていきましょう。

　この取引では、「10,000円を掛けで支払う約束をした」という事実と、「10,000円の商品を仕入れた」という理由が、それぞれ「買掛金」と「仕入」という勘定科目に仕訳され、帳簿の左右の欄に記入されています。

例）10,000円の商品を仕入れ、代金を掛けで支払ったとき

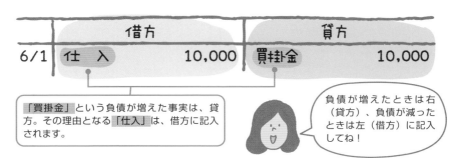

	借方		貸方	
6/1	仕　入	10,000	買掛金	10,000

「買掛金」という負債が増えた事実は、貸方。その理由となる「仕入」は、借方に記入されます。

負債が増えたときは右（貸方）、負債が減ったときは左（借方）に記入してね！

028

おもな勘定科目 【負債】 ★は、毎日の業務の中でよく使われる勘定科目

□ **支払手形** (しはらいてがた)
代金を支払うために振り出した約束手形など

名前がよく似てるから、「未払費用」と「未払金」を間違えそう……。

★ **買掛金** (かいかけきん)
商品を掛けで買ったときに発生する債務

□ **未払金** (みばらいきん)
水道光熱費、広告宣伝費、支払手数料など、まだ支払いを済ませていない債務のうち、金額が確定しているもの

□ **前受金** (まえうけきん)
手付金や内金など、商品の代金の一部または全部を前もって支払ってもらったもの

□ **仮受金** (かりうけきん)
その内容が明らかになっていない入金（一時的に利用される勘定科目）

□ **預り金** (あずかりきん)
源泉所得税、社会保険料など、従業員から一時的に預かっている金額

□ **未払費用** (みばらいひよう)
給与など、まだ支払いを済ませていない債務のうち、金額が確定していないもの

□ **前受収益** (まえうけしゅうえき)
次期以降に計上される収益

□ **借入金** (かりいれきん)
金融機関や取引先から現金を借り入れたときに発生する債務。返済期日が1年以内にある借入金を「短期借入金」、返済期限が1年以上先にある借入金を「長期借入金」という

	借方	貸方
資産グループの勘定科目	増加！	減少！
負債グループの勘定科目	減少！	増加！

資産がプラスの財産だとしたら、負債はマイナスの財産。だから、資産の仕訳とは、借方と貸方が逆になるの。

CHECK!

□ 負債とは、借入金や未払費用など、会社が返済しなければいけないマイナスの資産

□ 買掛金や未払金など、会社が支払わなければならない取引上の債務もふくまれる

□ 仕訳では、負債が増加したら貸方へ、負債が減少したら借方へ記入する

もっと
くわしく
知りたい！

売掛金と買掛金

売掛金と買掛金は、現金取引ではなく、掛けで商品やサービスをやりとりするときに発生する債権と債務です。代金は後日受け渡しするという約束を交わして、支払いをまとめて処理することで、合理化をはかることができます。

掛けで取引するときに発生する債権と債務

　通常の取引では、代金の支払いはその場で現金で行うよりも、支払期日にまとめて支払われることのほうが多いものです。このとき、買手側が売手側に対して負っているもの（＝債務）のことを「買掛金」、売手側が買手側に対してもっているもの（＝債権）を「売掛金」といいます。

▼50万円の商品を掛けで仕入れたときの仕訳を見ていきましょう。

例）50万円の商品を掛けで仕入れたとき

	借方		貸方	
4/1	仕　入	500,000	買掛金	500,000

この取引では、「50万円の買掛金が発生した」という事実と、「50万円の商品を仕入れた」という理由が、それぞれ「買掛金」と「仕入」という勘定科目に仕訳され、帳簿の左右の欄に記入されています。

▼後日、約束どおり、買掛金50万円を預金で支払ったときの仕訳です。

例）買掛金50万円を預金から支払ったとき

	借方		貸方	
4/30	買掛金	500,000	預　金	500,000

「預金が50万円減った」という事実と、「買掛金が50万円減った」という理由が、それぞれ「預金」と「買掛金」という勘定科目に仕訳されています。

もうわかるわよね。買掛金は負債のグループの勘定科目だから、増えたときは貸方（右）に記入するの。

買掛金が減少したときは、借方（左）に記入。現金で支払ったときは貸方の勘定科目が「現金」（資産のグループ）に、手形を使った場合は「支払手形」（負債のグループ）になるのよ。

▼次は反対に、50万円の商品を掛けで販売したときの仕訳を見ていきましょう。

例）50万円の商品を掛けで販売したとき

	借方		貸方	
5/1	売掛金	500,000	売　上	500,000

この取引では、「50万円の売掛金が発生した」という事実と、「50万円の商品を売り上げた」という理由が、それぞれ「売掛金」と「売上」という勘定科目に仕訳されます。

売掛金という勘定科目は資産のグループに属するから、増えたときは借方（左）に記入するの。

▼支払期日になって、売掛金50万円を預金で回収したときの仕訳です。

例）売掛金50万円を預金で回収したとき

	借方		貸方	
5/30	預　金	500,000	売掛金	500,000

「預金が50万円増えた」という事実と、「売掛金が50万円減った」という理由が、それぞれ「預金」と「売掛金」という勘定科目に仕訳されています。

売掛金が減少したときは、貸方（右）に記入。現金で回収したときは借方の勘定科目が「現金」（資産のグループ）に、手形で回収した場合は「受取手形」（資産のグループ）になるわけ。

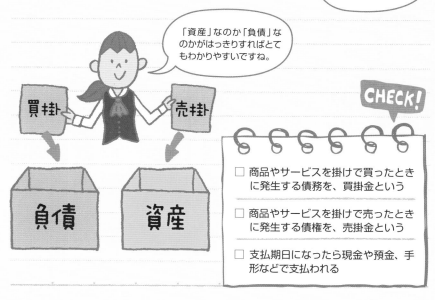

「資産」なのか「負債」なのかがはっきりすればとてもわかりやすいですね。

買掛　売掛

負債　資産

CHECK!

☐ 商品やサービスを掛けで買ったときに発生する債務を、買掛金という

☐ 商品やサービスを掛けで売ったときに発生する債権を、売掛金という

☐ 支払期日になったら現金や預金、手形などで支払われる

勘定科目③

純資産のグループ

純資産とは、会社の資本にあたるもの。つまり、会社を設立したときの出資金と、その後に得た利益の蓄積をいいます。なお、純資産のおもな勘定科目の一つである「資本金」が増減するのは、増資や減資を行った特別なときに限られます。

純資産が増えたら貸方へ、減ったら借方へ

　純資産のグループに属するおもな勘定科目は、会社を設立したときの出資金などの「資本金」。この勘定科目が増減するのは、出資金を増やしたり（増資）、減らしたり（減資）する特殊なケースに限られるので、経理担当者が日常の業務の中で処理することはまずありません。

　仕訳では、純資産が減少したら借方（左）へ、増加したら貸方（右）へ記入することになります。

　株式会社設立のために1,000万円を資本金として受け入れたときの仕訳を見ていきましょう。

　この取引では、「預金が1,000万円増えた」という事実と、「1,000万円の資本金を受け入れた」という理由が、それぞれ「預金」と「資本金」という勘定科目に仕訳され、帳簿の左右の欄に記入されています。

例) 株式会社設立のために、1,000万円を資本金として受け入れたとき

	借方		貸方	
4/1	預　金	10,000,000	資本金	10,000,000

おもな勘定科目【純資産】

- ☐ **資本金** （しほんきん）
  会社を設立したときの出資金

- ☐ **資本準備金** （しほんじゅんびきん）
  会社設立や増資の際に出資者から払い込まれた金額の中で、資本金として計上しなかった分

- ☐ **任意積立金** （にんいつみたてきん）
  役員退職金積立金など、特定目的の積立金

- ☐ **繰越利益剰余金** （くりこしりえきじょうよきん）
  前期から繰り越された利益の累計

- ☐ **利益準備金** （りえきじゅんびきん）
  積み立てることが義務づけられている法定準備金

純資産は、資産から負債を引いた額と一致。つまり、会社の資産を使って負債を全額返済すると、純資産が残ります。

なるほど！

資産 － 負債 ＝ 純資産

日常の業務の中で、純資産を仕訳することはまずないけど、知識としておぼえておいてね。

CHECK!

- ☐ 純資産とは、会社を設立したときの出資金と、その後に得た利益の蓄積

- ☐ 純資産は、資産から負債を引いた額と一致する

- ☐ 仕訳では、純資産が増加したら貸方へ、純資産が減少したら借方へ記入する

簿記の基礎知識

2

勘定科目③ **純資産のグループ**

勘定科目④

収益のグループ

経営活動の結果、資産の増加をもたらす項目を「収益」といいます。おもな勘定科目は商品の販売で得られる「売上」。その他の勘定科目は、受取利息、受取配当金や受取手数料など、お金が入ってきた理由を示しています。

収益が上がったら貸方へ、返品などによって減少があったら借方へ

収益のグループに属するおもな勘定科目は、商品の販売などで受け取る「売上」です。仕訳では、売上があったら貸方（右）へ、返品や値引きなどの理由によって売上の減少があったときは借方（左）へ記入します。

40万円の商品を売り上げて、売掛金が発生したときの仕訳を見ていきましょう。

この取引では、「40万円の売掛金が発生した」という事実と、「40万円の商品を売り上げた」という理由が、それぞれ「売掛金」と「売上」という勘定科目に仕訳されます。

例）40万円の商品を売り上げて、売掛金が発生したとき

	借方		貸方	
6/2	売掛金	400,000	売 上	400,000

売上によって収益が上がったら、「売上」という勘定科目を貸方（右）に記入。借方（左）には、増加した資産の勘定科目を書き入れて！

返品があったときは、「売上」という勘定科目を借方（左）へ記入します。

以下の取引では、「40万円の売掛金が減った」という事実と、「40万円の返品があった（＝40万円の売上が消滅した）」という理由が、それぞれ「売掛金」と「売上」という勘定科目で仕訳されています。

例) 40万円の商品が返品されたとき

	借方		貸方	
6/9	売 上	400,000	売掛金	400,000

おもな勘定科目【収益】
★は、毎日の業務の中でよく使われる勘定科目

★ **売上** （うりあげ）
本業の商品の販売や、サービスの提供によって顧客から受け取る収益

□ **受取手数料** （うけとりてすうりょう）
サービスを提供することによって得た手数料

□ **受取利息** （うけとりそく）
預金、貯金、貸付金から得た利息の受け取り分

□ **受取配当金** （うけとりはいとうきん）
株式などからの利益配当金

□ **受取賃貸料** （うけとりちんたいりょう）
不動産建物を賃貸した場合の家賃収入など

□ **雑収入** （ざつしゅうにゅう）
本業以外の取引から生じる少額の収益

□ **固定資産売却益** （こていしさんばいきゃくえき）
会社の資産を売却して生じる収益

□ **有価証券売却益** （ゆうかしょうけんばいきゃくえき）
有価証券を売却した際に発生した利益

□ **為替差益** （かわせさえき）
外貨建ての債権や債務について、期末において為替レートの変動によって発生した差益

仕訳の勘定科目は「売上」だけど、損益計算書の中では「売上高」と表記されるのよ。

CHECK!

□ 収益は、お金が入ってきた理由を示している

□ おもな勘定科目は「売上」。売上があったら貸方へ記入する

□ 返品や値引きなどの理由によって売上の減少があったときは、借方へ記入

勘定科目⑤

費用のグループ

経営活動の結果、資産の減少をもたらす項目を「費用」といいます。このグループに属する勘定科目は、「収益」とは反対に、お金が出ていった理由を示すものであり、細かく定められた項目によって、お金の使い道が明らかにされています。

費用が発生したら借方へ、返品や値引きなどによって減少があったら貸方へ

費用のグループに属する勘定科目は、仕入、給与、旅費交通費、広告宣伝費、接待交際費、会議費などです。仕訳では、費用が発生したら借方（左）へ、減少したら貸方（右）へ記入します。

30万円の商品を仕入れて、買掛金が発生したときの仕訳を見ていきましょう。

この取引では、「30万円の買掛金が発生した」という事実と、「30万円の商品を仕入れた」という理由が、それぞれ「買掛金」と「仕入」という勘定科目に仕訳されます。

例）30万円の商品を仕入れて、買掛金が発生したとき

	借方		貸方	
7/1	仕　入	300,000	買掛金	300,000

仕入によって費用が発生したら、「仕入」という勘定科目を借方（左）に記入。貸方（右）には、負債または減少した資産の勘定科目を書き入れて！

　返品したときは、「仕入」という勘定科目を貸方（右）へ記入します。

　以下の取引では、「買掛金が30万円減った」という事実と、「30万円の商品を返品した（＝30万円の仕入が消滅した）」という理由が、それぞれ「買掛金」と「仕入」という勘定科目で仕訳されています。

例）30万円の商品を返品したとき

	借方		貸方	
7/8	買掛金	300,000	仕　入	300,000

	借方	貸方
収益グループの勘定科目	減少！	発生！
費用グループの勘定科目	発生！	減少！

返品をした場合は、「仕入」のかわりに、「仕入返品」という勘定科目を使う場合もあるの。

CHECK!

簿記ならではの表記のしかた

　一般的には「売り上げ（売上げ）」「仕入れ」などと書かれることもありますが、簿記の勘定科目では「売上」「仕入」と送り仮名を省略して表記するのが決まりになっています。同様に「貸付金」「仮払金」「借入金」「未払金」といった勘定科目も、漢字だけで表記されるので注意してください。ただし「預り金」は、省略すると「預金（よきん）」と同じになってしまうので、例外的に送り仮名をつけます。

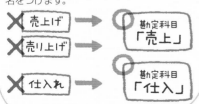

□ 費用は、お金の使い道やお金が出ていった理由を示している

□ 費用が発生したら借方へ、返品や値引きなどによって減少があったら貸方へ記入する

□ 細かく定められた費用の勘定科目は、会社によって種類や呼び方が異なる場合がある

おもな勘定科目 【費用】

★ **仕入** (しいれ)
販売目的の商品を購入するのに要した費用

★ **給与** (きゅうよ)
従業員に支払われる給料や諸手当（残業手当や家族手当など）

★ **雑給** (ざっきゅう)
アルバイトやパートなどの非正規社員に対して支払われる給料や諸手当

□ **賞与** (しょうよ)
給与手当以外に定期的や臨時に支払われる一時金（「給与」にふくむ場合もある）

□ **退職金** (たいしょくきん)
従業員や役員が退職をする際に会社から支払われる一時金

★ **役員報酬** (やくいんほうしゅう)
取締役や監査役などに支払われる報酬

□ **役員賞与** (やくいんしょうよ)
取締役や監査役などに支払われる賞与

★ **法定福利費** (ほうていふくりひ)
会社負担の社会保険料（健康保険と厚生年金保険）や労働保険料（雇用保険や労災保険）など

□ **福利厚生費** (ふくりこうせいひ)
従業員の福利厚生のための費用。慰安旅行費用やクラブ活動援助費用など

★ **支払手数料** (しはらいてすうりょう)
銀行の振込手数料など

★ **旅費交通費** (りょひこうつうひ)
通勤や業務遂行のために必要な交通費（電車代、バス代、タクシー代）。出張の際の宿泊費、出張手当。通勤の際の交通費は「通勤費」として別に計上することもある

★ **広告宣伝費** (こうこくせんでんひ)
不特定多数の人に対する広告や宣伝にかかる費用。テレビやラジオでのコマーシャル、雑誌などへの広告掲載、商品カタログなど

★ **接待交際費** (せったいこうさいひ)
得意先との接待や贈答などにかかる費用

★ **会議費** (かいぎひ)
社内外で行われる打ち合わせに関連した費用。コーヒーや弁当などの飲食代、会議室利用料など

★ **通信費** (つうしんひ)
電話、郵便（切手、はがき）、宅配便、バイク便、インターネット（プロバイダ使用料、接続料金）など、通信にかかった費用

★ **消耗品費** (しょうもうひんひ)
耐用年数が1年未満もしくは取得価額が10万円未満の事務用品や工具器具備品など

☐ **修繕費**（しゅうぜんひ）
事務用品や備品の修理にかかる費用、OA機器のメンテナンス料など

★ **水道光熱費**（すいどうこうねつひ）
水道代、電気代、ガス代。石油や灯油などの燃料代は「燃料費」として別に計上することもある

★ **賃借料**（ちんしゃくりょう）
土地、建物、機械、車両、事務機器などの賃料。その内容に応じて「地代家賃」「不動産賃借料」「リース料」として別に計上することもある

★ **新聞図書費**（しんぶんとしょひ）
業務上必要とされる新聞代、書籍購入費、雑誌購読料など

☐ **租税公課**（そぜいこうか）
固定資産税、自動車税、印紙税など

☐ **保険料**（ほけんりょう）
生命保険や損害保険などの掛け金。「支払保険料」ともいう

☐ **諸会費**（しょかいひ）
会社の業務に関連する団体に支払う会費や組合費など

☐ **寄付金**（きふきん）
会社の業務とは関係なく、見返りを求めずに行う金銭や物品の贈与

★ **支払利息**（しはらいりそく）
借入金にかかる利息

★ **車両費**（しゃりょうひ）
自動車のガソリン代、オイル代、自動車税、自動車保険料（強制保険、任意保険）、修繕費、車検費用など自動車の維持管理にかかる費用

☐ **減価償却費**（げんかしょうきゃくひ）
10万円以上の車や機械装置などの購入費を、使用可能期間に少しずつ計上した費用

☐ **雑費**（ざっぴ）
どの勘定科目にも当てはまらない費用。その範囲は会社によって異なる

ここに紹介した勘定科目は、ほんの一部。一度に全部はおぼえきれないから、毎日使うものから少しずつおぼえてね！

勘定科目の細かい規定や呼び方は、業種や会社によって少しずつ異なるの。あと、適切と思われるものがどうしても見当たらないときは、「雑費」として処理するといいわ！

現金が入ってきたとき

まずは現金が入ってきたときの仕訳を紹介します。仕訳をマスターするには、基本パターンを頭に入れるのがいちばん。「入金があったら、借方に記入」という原則をおぼえてしまえば、どんなケースにも応用をきかせることができます。

現金収入があったら借方に記入する

　仕訳の基本は、勘定科目を使って「事実」と「理由」の2つに分けることです。たとえば、100万円の商品を現金で売った場合、「現金100万円が入ってきた」という事実と、「100万円の売上があった」という理由が生じると考えるわけです。このときに使われる勘定科目は「現金」と「売上」です。仕訳帳への記入を済ませたら、必ず現金出納帳と元帳にも取引の内容を記入しましょう。

ここで使う
勘定科目

現金

売上

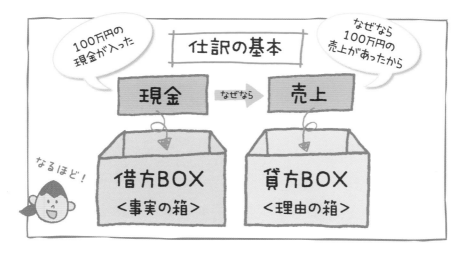

収入があった事実を示す勘定科目を記入します。現金収入があった場合、勘定科目は資産のグループに属する「現金」になります。

資産そのものが増えていなくても、銀行から現金を引き出したときなどは、現金が増えたとみなされます。その場合、貸方の勘定科目は「預金」になります。

お金が入ってきた理由を示す勘定科目を記入します。商品を売り上げて現金が入ってきた場合、勘定科目は収益のグループに属する「売上」になります。

	借方		貸方	
7／1	現　金	1,000,000	売　上	1,000,000

取引が発生した日付を書くのも忘れずに。

同じ金額

複式簿記の仕訳には、事実と理由の2つが記録されているの。ここでは「100万円の現金収入があった」という事実と、「100万円の商品を売り上げた」という理由が説明されているわけ。

CHECK!

借方に「現金」という勘定科目と金額を記入したら、その反対側にお金が増えた理由を書けばいいのですね。

□ 現金が入ってきたら、借方に「現金」という勘定科目と金額を記入する

□ 貸方には、お金が入ってきた理由にあたる勘定科目を書き入れる

□ 現金出納帳と元帳にも取引の内容を記入する

KEY WORD

勘定科目の「現金」

そのものズバリ！　現物のお金を意味します。ただし、簿記上では小切手（086ページ参照）も現金にふくまれます。

現金が出ていったとき

現金が出ていったときの仕訳のパターンをおぼえましょう。基本は、「出金があったら、貸方に記入」するということ。借方には、出金の理由にあたる勘定科目が入ります。想定される取引は、消耗品の購入、給料の支払い、銀行預金への預け入れなどです。

現金支出があったら貸方に記入する

現金が出ていったときの仕訳は次のように考えます。

たとえば、1,000円分のボールペンを現金で買った場合、「現金1,000円が出ていった」という事実と、「ボールペンを1,000円分購入した」という理由が生じます。このときに使われる勘定科目は「現金」と「消耗品費」です。

ここで使う
勘定科目

現金

消耗品費

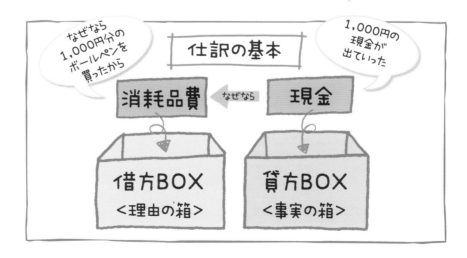

簿記の基礎知識

2

仕訳の基本パターン② **現金が出ていったとき**

借方には、お金が出ていった理由を書き入れます。ボールペンを購入したときの勘定科目は、費用のグループに属する「消耗品費」です。

銀行にお金を預けた場合も、現金が減ります。その場合、借方には「預金」という勘定科目が入ります。

「現金」は、資産のグループに属する勘定科目。減った場合は、貸方に記入します。

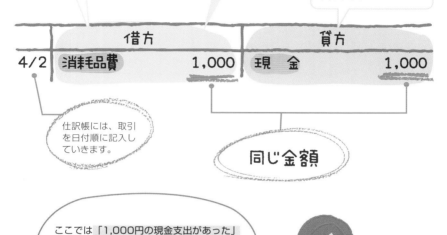

	借方		貸方	
4/2	消耗品費	1,000	現　金	1,000

仕訳帳には、取引を日付順に記入していきます。

同じ金額

ここでは「1,000円の現金支出があった」という事実（貸方）と、「1000円分のボールペンを購入した」という理由（借方）が説明されているわけ。

貸方に「現金」という勘定科目と金額を記入したら、今度は借方にお金が減った理由を書けばいいのですね。

CHECK!

- □ 現金が出ていったら、貸方に「現金」という勘定科目と金額を記入する

- □ 借方には、お金が出ていった理由にあたる勘定科目を書き入れる

- □ 現金出納帳と元帳にも取引の内容を記入する

KEY WORD

「元張」とは？

勘定科目ごとに増減をまとめた総勘定元帳（012ページ参照）のこと。仕訳帳とならぶ、もっとも基本となる帳簿です。

売上があったとき

売上があったとき、つまり商品が売れたときの仕訳のパターンです。基本は、「売上があったら、貸方に記入」するということ。借方には「売掛金」「現金」「受取手形」など、代金回収の方法を示す勘定科目が入ります。

売上があったら貸方に記入する

売上があったときの仕訳は次のように考えます。

たとえば、50,000円分の商品を掛けで売った場合、「50,000円の売掛金が発生した」という事実と、「50,000円の商品を売り上げた」という理由が生じます。このときに使われる勘定科目は「売掛金」と「売上」です。

ここで使う勘定科目

売上

売掛金

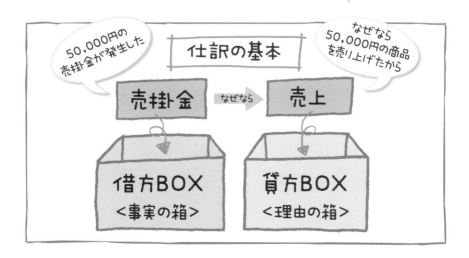

簿記の基礎知識

2

仕訳の基本パターン③ **売上があったとき**

借方には、代金回収の方法を示す勘定科目が入ります。掛けで商品を売ったときの勘定科目は、資産のグループに属する「売掛金」です。

現金取引の場合は「現金」、銀行振り込みの場合は「預金」、手形決済の場合は「受取手形」という勘定科目が、借方に入ります。

「売上」は、収益のグループに属する勘定科目。発生したら、貸方に記入します。

	借方		貸方	
2/20	売掛金	50,000	売　上	50,000

取引が発生した日付も正確に記入します。

同じ金額

ここでは「50,000円の売掛金が発生した」という事実（借方）と、「50,000円の商品を売り上げた」という理由（貸方）が説明されているわけ。

貸方に「売上」という勘定科目と金額を記入したら、今度は借方に、代金回収の方法を示す勘定科目を書けばいいのですね。

CHECK!

- ☐ 売上があったら、貸方に「売上」という勘定科目と金額を記入する
- ☐ 借方には、代金回収の方法を示す勘定科目を書き入れる
- ☐ 元帳にも取引の内容を記入する

KEY WORD

「売上」とは？

商品やサービスを提供することによって得られた収益のこと。損益計算書では「売上高」と表示されます。

仕訳の基本パターン④
仕入があったとき

仕入があったときの仕訳のパターンです。基本は、「仕入があったら、借方に記入」するということ。貸方には「買掛金」「現金」「支払手形」など、代金支払いの方法を示す勘定科目が入ります。

仕入があったら借方に記入する

仕入があったときの仕訳は次のように考えます。

たとえば、100,000円分の商品を掛けで仕入れた場合、「100,000円の買掛金が発生した」という事実と、「100,000円の商品を仕入れた」という理由が生じます。このときに使われる勘定科目は「買掛金」と「仕入」です。

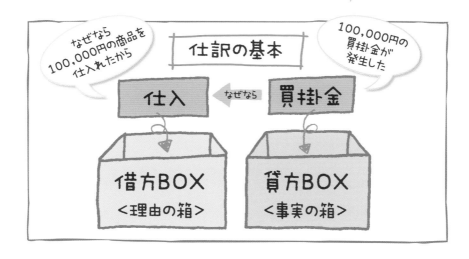

「仕入」は、費用のグループに属する勘定科目。発生したら、借方に記入します。

現金取引の場合は「現金」、銀行振り込みの場合は「預金」、手形決済の場合は「支払手形」という勘定科目が、貸方に入ります。

貸方には、代金支払いの方法を示す勘定科目が入ります。掛けで商品を仕入れたときの勘定科目は、負債のグループに属する「買掛金」です。

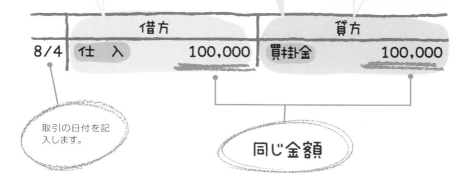

	借方		貸方	
8/4	仕 入	100,000	買掛金	100,000

取引の日付を記入します。

同じ金額

ここでは「100,000円の買掛金が発生した」という事実（貸方）と、「100,000円の商品を仕入れた」という理由（借方）が説明されているわけ。

CHECK!

借方に「仕入」という勘定科目と金額を記入したら、今度は貸方に、代金支払いの方法を示す勘定科目を書けばいいのですね。

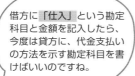

☐ 仕入があったら、借方に「仕入」という勘定科目と金額を記入する

☐ 貸方には、代金支払いの方法を示す勘定科目を書き入れる

☐ 元帳にも取引の内容を記入する

経費の支払いをするとき

経費の支払いをするときの仕訳のパターンです。基本は、「該当する勘定科目を借方に記入」するということ。貸方には「現金」「預金」「支払手形」など、代金支払いの方法や状況を示す勘定科目が入ります。

該当する経費の勘定科目を借方に記入する

通信費や水道光熱費など、経費の支払いをするときの仕訳は次のように考えます。

たとえば、80,000円の電話代が預金口座から自動的に引き落とされた場合、「80,000円の預金が減った」という事実と、「80,000円の電話代を支払った」という理由が生じます。このときに使われる勘定科目は「預金」と「通信費」です。

ここで使う
勘定科目

通信費

預金

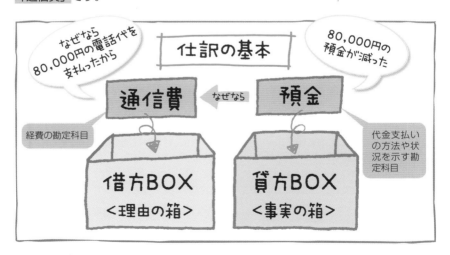

「通信費」などの経費は、費用のグループに属する勘定科目。計上したら、借方に記入します。

現金で支払った場合は「現金」という勘定科目が、貸方に入ります。

貸方には、代金支払いの方法や状況を示す勘定科目が入ります。銀行口座から振り込んだり、自動引き落としで支払った場合は、資産グループの「預金」になります。

	借方		貸方	
3/25	通信費	80,000	預 金	80,000

ここでは「80,000円の預金が減った」という事実（貸方）と、「80,000円の通信費を支払った」という理由（借方）が説明されているわけ。

借方に経費の勘定科目と金額を記入したら、貸方に代金支払いの方法や状況を示す勘定科目を書けばいいのですね。

CHECK!

☐ 経理の支払いがあったら、借方に該当する勘定科目と金額を記入する

☐ 貸方には、代金支払いの方法や状況を示す勘定科目を書き入れる

☐ 口座から振り込んだときは、「預金」とする

KEY WORD

「経費」とは？

会計上の定義は、事業に関連する必要な費用のこと。ただし、税務上では経費としては認められない費用もあります。

仕訳帳のかわりに、伝票に記入する場合

ここでは仕訳帳のかわりに、入金伝票・出金伝票・振替伝票という3種類の伝票を使った場合の会計処理を説明します。会計ソフトでは、仕訳帳の画面で入力する方法と、伝票の画面から入力する方法のどちらでも可能です。

会社が利用するおもな預金口座

3伝票制では、すべての取引を現金の出入をともなう現金取引と、現金の出入をともなわない振替取引に分類し、さらに現金取引を入金取引と出金取引に分けて処理をします。

使われる伝票は3種類。入金取引は「入金伝票」、出金取引は「出金伝票」、振替取引は「振替伝票」に記入します。

①入金伝票 ～現金が入ってきたときの取引

入金取引では、借方の勘定科目が必ず「現金」になります。したがって、入金伝票には、仕訳帳の貸方に入る勘定科目と金額だけを記入します。

商品5万円を販売して、その代金を現金で受け取った場合は、次のとおりです。

	借方		貸方	
4/20	現 金	50,000	売 上	50,000

入金伝票には、現金が入ってきた理由だけを書きます。

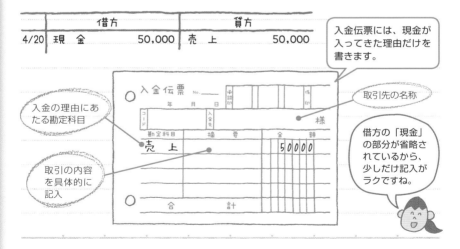

取引先の名称

入金の理由にあたる勘定科目

取引の内容を具体的に記入

借方の「現金」の部分が省略されているから、少しだけ記入がラクですね。

②出金伝票 ～現金が出ていったときの取引

出金取引では、貸方の勘定科目が必ず「現金」になります。したがって、出金伝票には、仕訳帳の借方に入る勘定科目と金額だけを記入します。

商品8万円を仕入れて、その代金を現金で支払った場合は、次のとおりです。

出金伝票を使った経費の支払い（領収書が発行されないケース）については、068ページを見てね。

	借方		貸方	
7/2	仕 入	80,000	現 金	80,000

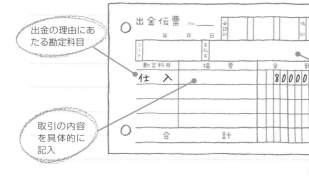

出金の理由にあたる勘定科目

取引の内容を具体的に記入

出金伝票には、現金が出ていった理由だけを書きます。

取引先の名称

③振替伝票 ～現金以外の取引

現金の出入をともなわない取引は、振替伝票に記入します。
商品6万円を掛けで仕入れた場合は、次のとおりです。

振替伝票には、仕訳帳と同様に、借方と貸方の両方の欄があるんですね！

左右の金額は必ず同じになるのよ。

	借方		貸方	
10/21	仕 入	60,000	買掛金	60,000

取引先の名称や取引内容を具体的に記入

経理1年生が目標にしたい資格

経理の仕事を始めたばかりの人が目標にしたい、おすすめの資格を紹介します。資格がなくても仕事はできますが、資格取得という目標をもって仕事にのぞむことは、自分の実力をアピールするだけではなく、仕事のモチベーションを高めることにもつながります。

日商簿記検定

日本商工会議所が主催する簿記検定は、知名度が高く、受験者数も多い人気の試験です。初級から1級まで4つのレベルがありますが、経理の現場で仕事をするには、簿記の基本的な知識が備わっている2級以上の知識が目安となります。その前に経理の初心者は比較的やさしい3級を取得してみましょう。

〔主催〕日本商工会議所

ビジネス会計検定

大阪商工会議所が主催するビジネス会計検定は、とくに財務諸表（決算書）に関する知識や分析力が問われる試験です。財務諸表を理解すれば、企業の実態を会計的な視点で分析できます。1級から3級まで3つのレベルがありますが、まずは会計用語や財務諸表の基礎知識を問う3級を目標にしましょう。

〔主催〕大阪商工会議所

給与計算実務能力検定

毎月の業務の中でも大切な、給与計算のスキルをはかるための資格です。給与計算の基本を学ぶだけではなく、社会保険や所得税、住民税、労働に関する法律について学ぶことができます。検定のレベルは1級と2級がありますが、まずは給与計算と明細の作成が身につく2級からチャレンジしてみましょう。

〔主催〕職業機能振興会

MOS（マイクロソフトオフィススペシャリスト）

マイクロソフト社のオフィスソフトの基本的な操作知識を問う資格です。経理の仕事は数字を扱う仕事です。売上などの数字をExcelで加工する機会も多くなり、高度なExcelスキルを求められるケースも出てきます。試験はそれぞれのソフトのバージョンやレベル別にいくつか用意されているので、自分が必要な内容の試験を選んで受験できます。

〔主催〕マイクロソフト

資格がなくても仕事をすることはできるけど、経理は専門性の高い仕事なので、いろいろな資格があるのよ。

現預金や経費の管理

現金出納業務①

出納担当者の基本ルール

経理担当者は、金庫やレジの中のお金を毎日確認し、帳簿上の残額と実際の残高を1円単位まできっちりと合わせなければなりません。また、日常的な現金出納の業務は、お金の管理の大切さを知るために、経理の初心者に任せられることがよくあります。

出金は領収書との引き換えが原則

「現金出納」とは、現金の出し入れを記録することです。もっとも大切なことは、帳簿上の残高と、実際の現金を一致させること。現金を渡す際は、領収書との引き換えを原則とし、そこに書かれた金額や内容を十分に確認しましょう。

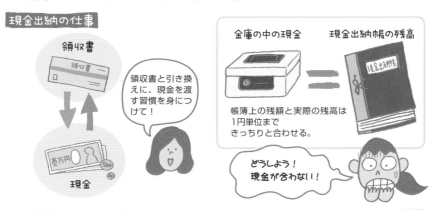

現金出納の仕事

領収書

領収書と引き換えに、現金を渡す習慣を身につけて！

現金

金庫の中の現金　　現金出納帳の残高

帳簿上の残額と実際の残高は
1円単位まで
きっちりと合わせる。

どうしよう！
現金が合わない！

現金出納帳を作成する

「現金出納帳」とは、現金の出し入れだけを毎日発生順に記録して、現金の残高を管理するための帳簿です。現金の取引は仕訳帳や元帳に記録しますが、取引内容を明確にするために現金出納帳にも記載します。現金出納帳を作成することで、いつ・どのような理由で入金や出金があったかがわかるというわけです。

毎日 月1 年1

現金出納帳が「補助簿」と呼ばれるのは、現金の収支だけを記録して「主要簿」（仕訳帳と元帳）の情報を補うからなの。

前月からの繰り越しがあった場合は、収入と残高の欄に金額を記入。

先に現金出納帳への記入を済ませ、後でまとめて仕訳帳や元帳に転記する場合もあるみたい。

収入と支出の差額。つまり実際の現金の総額。

取引があった日付

[現金出納帳]

日　付	摘　要	科　目	収　入	支　出	残　高
10月1日	前月繰越		150,000		150,000
10月2日	電話代	通信費		25,000	125,000
10月3日	ガス代	水道光熱費		7,000	118,000
10月6日	電気代	水道光熱費		24,000	94,000
10月18日	水道代	水道光熱費		5,000	89,000
10月25日	引き出し	預金	60,000		149,000
10月27日	文房具購入	消耗品費		12,000	137,000
10月31日	次月繰越			137,000	
			210,000	210,000	
11月1日	前月繰越		137,000		137,000

次月への繰り越しがある場合は、月末の日付と、支出欄に金額を記入。

 CHECK!

- □ 現金出納とは、帳簿上の残額と実際の残高を一致させる業務
- □ 現金を渡すときは、領収書との引き換えが原則
- □ 毎日の現金の出し入れを現金出納帳に記録する

KEY WORD

「小口現金」とは？

切手代や交通費の精算など、日常的に発生する少額の支払いに備えて用意しておく現金を「小口現金」といいます。一般的に、小口現金は「用度係」と呼ばれる各部署の担当者が管理します。

経費の精算

現金出納の業務の中でいちばん多いのは、従業員が立て替えた「経費」の精算です。経費とは、売上を得るために発生する費用のこと。経理担当者は領収書や経費精算書の内訳や金額を確認し、その金額を従業員に返します。

経費の分類と、おもな勘定科目

経費は似たような取引をまとめた勘定科目によって処理されます。日常的な精算業務でよく利用される勘定科目を以下にあげます。各勘定科目は「費用」のグループに属するので、発生したらその金額を借方に記入します（048ページ参照）。

接待交際費

例）取引先を接待するための茶菓子代、飲食代、お土産代、お中元代、お歳暮代、慶弔費、親睦旅行代

会議費

例）会議室使用料、会議用茶菓子代、打ち合わせ時の喫茶代

通信費

例）電話料金、インターネット料金、郵便代

経費の分類のしかたや勘定科目は、会社によって細かく決められているの！

消耗品費

例）文房具、電球、電池、コピー用紙、プリンターインク、10万円未満の机、オフィス備品の代金

経費の精算に必要な領収書や精算書

経費の精算に必要なのは、領収書や精算書です。領収書や精算書を受け取ったら、経理担当者は金額と内訳を確認し、従業員が立て替えた金額を返します。

日付や金額、支払先の宛名が合っているかを確認します。

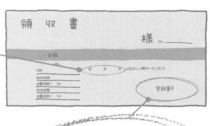

領　収　書

様　No._____

<table>
<tr><td>金額</td></tr>
<tr><td>内訳</td><td>毎</td><td>月</td><td>日</td><td>を正確に領収いたしました</td></tr>
<tr><td>税抜金額</td></tr>
<tr><td>消費税額（　%）</td></tr>
<tr><td>税抜金額</td></tr>
<tr><td>消費税額（　%）</td></tr>
</table>

登録番号

接待交際費精算書

年　月　日

<table>
<tr><td rowspan="2">申請者</td><td>所属</td><td rowspan="2"></td><td>所属長</td><td>経理</td><td>受領印</td></tr>
<tr><td>氏名</td><td>印</td></tr>
<tr><td>飲食のあった年月日</td><td colspan="3">年　　　月　　　日</td></tr>
<tr><td>飲食に出席した得意先名、出席者の氏名</td><td colspan="3"></td></tr>
<tr><td>出席者の数</td><td colspan="3">合　計　　　　　名（うち当社　　　　名）</td></tr>
<tr><td>飲食店の名前と所在地</td><td colspan="3"></td></tr>
<tr><td>備　考</td><td colspan="3"></td></tr>
</table>

精算金額　　　　　　　　　　精算日　　　　年　　月　　日

インボイスの登録番号（065ページ）を見て、領収書を発行した事業者が課税事業者かどうかを確認することも忘れずに。

精算が済んだら、受領した人に印を押してもらいます。

レシートは、文字が消えてしまわないように印字面を内側にして折るなどして保管しましょう。

飲食などの経費を接待交際費として処理するには、精算書に以下の内容が書かれていなければなりません。
1）飲食のあった年月日
2）飲食に参加した得意先の会社名、氏名
3）飲食に参加した人数
4）利用した飲食店の名前と所在地

ADVICE

手書き領収書はNG！？

インボイス制度（064ページ参照）が始まり、登録番号をはじめ領収書の要件がきびしくなりました。その結果、手書きの領収書より、レジなどから出てくるレシートのほうが要件を満たしているケースが多くなっています。

CHECK!

□ 経費とは、売上を得るために発生する費用のこと

□ 経費は似たような取引をまとめた勘定科目によって処理される

□ 経費の精算には、領収書や精算書が必要

もっと
くわしく
知りたい！

経費の仕訳①

ベテランの経理担当者も頭を悩ませる、経費の仕訳。旅費交通費や通信費のように分類しやすい勘定科目もありますが、接待交際費や会議費には判断がつきにくい取引も少なくありません。ここでは迷いやすい事例を紹介します。

取引先との飲食代

取引先を接待するための飲食代は原則、接待交際費として処理されますが、一人当たり5,000円以下の飲食代であれば、会議費として計上することができます（会社にとっては、接待交際費ではなく、会議費などで処理をしたほうが税法上有利です）。

例）高級料亭での会食（3人の場合）

	借方		貸方	
7/13	接待交際費	18,000	現　金	18,000

通常の食事の程度を超えた豪勢な食事は、会議費として認められません。

> 線引きは会社によっても異なるので、迷ったら先輩や上司に聞きましょうね！

例）昼食程度の金額での会食（3人の場合）

	借方		貸方	
7/27	会議費	9,000	現　金	9,000

軽い食事をしながらの会議は、会議費として認められます。また、5,000円以下でも、贈答品などは接待交際費になります。

打ち合わせを兼ねた軽い食事なら、会議費として処理することができます。もちろん、氏名、参加人数などを記録しておかなければなりません。

ここのランチは
おススメなんですよ

宣伝のための費用

　社名入りのカレンダーや手帳、タオルなど、不特定多数の人への景品やプレゼントは広告宣伝費、特定の取引先に対する海外旅行ご招待などは接待交際費として処理されます（会社にとっては、接待交際費ではなく、広告宣伝費などで処理をしたほうが税法上有利です）。

例）不特定多数への景品

弊社も
よろしくお願いします

	借方		貸方	
9/11	広告宣伝費	300,000	現　金	300,000

不特定多数の人々に対する宣伝的効果を意図した費用は、広告宣伝費。取引先など特定の人たちを旅行や観劇に招いた場合の費用は、接待交際費になります。

行事のための費用

　従業員の慰安のために行われる一般的なレクリエーションは福利厚生費、取引先を招いてのホテルでの飲食パーティーは接待交際費として処理されます。

　また、社内規定に則った社員などへの慶弔見舞金は福利厚生費、取引先などの場合は接待交際費として計上されます。

○○株式会社　忘年会

カンパーイ！

例）忘年会での飲食代

	借方		貸方	
9/8	福利厚生費	100,000	現　金	100,000

原則、全員参加の忘年会や創立記念式典といった社内行事での飲食代は、福利厚生費。社員やその家族に対する慶弔見舞金（結婚祝い、出産祝い、香典など）も、福利厚生費になります。

社員や家族に対するものも福利厚生費ね。

税率ごとに分けて経費を仕訳する

消費税の税率には標準税率10%と軽減税率8%があります。軽減税率の対象となるのは「酒類・外食を除く飲食料品」「定期購読契約の新聞」などです。経費を支払う際は、消費税がかかる品目についてどちらの税率が適用されているかが、あとでわかるように記帳します。

税抜処理方式と税込処理方式

　消費税額の記帳には「税抜処理方式」と「税込処理方式」の2つがあります。

　軽減税率の対象にならない「コピー用紙」「打ち合わせ時の喫茶代」、軽減税率の対象になる「来客用のお茶（ペットボトル）」「定期購読契約の新聞」を購入した場合を例に、それぞれの方式での経費の仕訳を説明しましょう。

〔軽減税率の対象となる飲食料品〕

軽減税率対象

飲食料品
MILK

テイクアウト
宅配など
TAKE OUT

テイクアウトや出前・宅配などは軽減税率の対象。飲食料品であっても、外食やケータリングなどは軽減税率の対象にならないんですよね。

酒類
BEER
生
酒
Wine

標準税率対象

外食
Restaurant

ケータリングなど
Pizza

例1 スーパーでコピー用紙と来客用のお茶（ペットボトル）を購入

スーパー○○
領収書

東京都 －－－－－－－－－－－
登録番号 T1234567890123

20XX 年 7 月 18 日

コピー用紙	2,200 円
お茶 500ml × 10本 (軽)8%	1,080 円
合計	3,280 円
（ 10%対象　2,200 円　内税 200 円）	
（ (軽)8%対象　1,080 円　内税 80 円）	
お預かり	4,000 円
お釣り	720 円

領収書には税率（10%、8%）ごとに金額や消費税額が記載されています。

〔税抜処理方式の場合〕

	借方		貸方		摘要
7/18	消耗品費	2,000	現 金	2,200	コピー用紙
	仮払消費税	200			
7/18	会議費	1,000	現 金	1,080	来客用のお茶 (8%)
	仮払消費税	80			

税抜処理方式では、支払った消費税を「仮払消費税」として、本体価格と分けて記帳。

税抜処理方式は、商品やサービスについて、それぞれ本体価格と消費税に分けて仕訳をする必要があるの。税込価格だけを記帳すればよい税込処理方式よりも記入が複雑だけど、会計ソフトなどを導入すれば処理はカンタンよ。

〔税込処理方式の場合〕

	借方		貸方		摘要
7/18	消耗品費	2,200	現 金	2,200	コピー用紙
7/18	会議費	1,080	現 金	1,080	来客用のお茶※

※は軽減税率対象品目

一枚の領収書でも、標準税率10％と軽減税率8％の品目を分けて記帳しなければならないの。会計ソフトを使った経理処理でも、軽減税率の対象がわかるように記帳することが必要よ！

税込処理方式は、本体価格と消費税を区別せず、まとめて記帳する方法。このままでは消費税率が何％かわからなくなってしまうので、軽減税率の対象品目に「※」や「☆」などの記号を付け、その記号が軽減税率対象品目であることを明らかにします。

例2　打ち合わせ時の喫茶代、新聞の購読料を支払う

カフェ〇〇
領収書

東京都 ――――――――
登録番号 T1234567890123

20XX 年 7 月 20 日
ホットコーヒー× 2 個　　　2,200 円
　　　　　　　標準税率対象
合計　　　　　　　　　2,200 円
（ 内消費税　　　　　　200 円）
　　　（ 10%対象　2,200 円）
お預かり　　　　　　　3,000 円
お釣り　　　　　　　　　800 円

〇〇新聞販売所
領収書

東京都 ――――――――
登録番号 T1234567890123

20XX 年 7 月 25 日
〇〇〇〇様　　　　　　〇年 6 月分

銘柄	部数	本体
〇〇新聞	1 部	4,000 円
消費税（8%対象）		320 円
合計		4,320 円

（ 軽8%対象　4,000 円）

〔税抜処理方式の場合〕

	借方		貸方		摘要
7/20	会議費	2,000	現 金	2,200	打ち合わせ時の喫茶代
	仮払消費税	200			
7/25	新聞図書費	4,000	現 金	4,320	○○新聞 (6月分) (8%)
	仮払消費税	320			

〔税込処理方式の場合〕

	借方		貸方		摘要
7/20	会議費	2,200	現 金	2,200	打ち合わせ時の喫茶代
7/25	新聞図書費	4,320	現 金	4,320	○○新聞(6月分)※

※は軽減税率対象品目

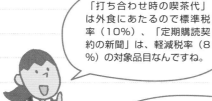

「打ち合わせ時の喫茶代」は外食にあたるので標準税率（10%）、「定期購読契約の新聞」は、軽減税率（8%）の対象品目なんですね。

経費と同じように、売上（098ページ）や仕入（104ページ）などの取引があったときも、「税抜処理方式」または「税込処理方式」で仕訳をするの。税込処理方式では、摘要欄に印を付けるなどして、どちらの税率が適用されているのかを明確にするのを忘れずに。

インボイス制度のしくみと対応

インボイス制度とは、消費税の「仕入税額控除」を受けるためのしくみのことです。取引先がインボイス制度の適用を受けて「適格請求書」を発行すると、会社は取引相手に支払った消費税額を納税額から差し引くことができます。

売り手が買い手に税率や消費税額を伝える

インボイス制度とは、簡単にいえば、売り手が買い手に対して、適用した消費税率（10%または8%）や消費税額などを伝えるために、これらが明記された請求書や領収書などを発行・保存しておくという制度です。この請求書などを「適格請求書（インボイス）」といいます。適格請求書は、会社が消費税の納税額を計算するために必要な書類であり、買い手である仕入側は、これを保存しておくことで消費税の仕入税額控除の適用を受けられます。

事業者には、課税事業者と免税事業者があります。課税事業者は消費税分を納税しなければなりませんが、実際の納税額は売上の際に自身が受け取った消費税額から、仕入などの際に取引相手に支払った消費税額を差し引いて求めることになります。

この仕入などにかかった消費税分を差し引くことを「仕入税額控除」といいます。

取引先が適格請求書発行事業者であるかを確認する

インボイス制度の適用を受けている取引先は、登録手続きを済ませて「適格請求書発行事業者」になっています。

取引先が適格請求書発行事業者になっていると、取引先が交付した適格請求書（インボイス）を保存することで、仕入税額控除を適用できます。取引先が適格請求書発行事業者に未登録の場合は、仕入税額控除の対象外になります（例外あり：066ペ

ージ参照）。

取引先が適格請求書発行事業者であるかどうかは、請求書に記載された登録番号（Tから始まる13桁の数字）を見ることで確認できるほか、「国税庁適格請求書発行事業者公表サイト」に公開されている情報（登録番号と名称）でも確認することができます。

また、受け取った請求書や領収書は、取引年月日、登録番号、10％・8％ごとの合計額とそれぞれの消費税額、それらの合計額などが明記されていないと、適格請求書として認められません。

〔仕入税額控除のしくみ〕

 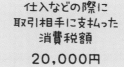

〔適格請求書の例〕

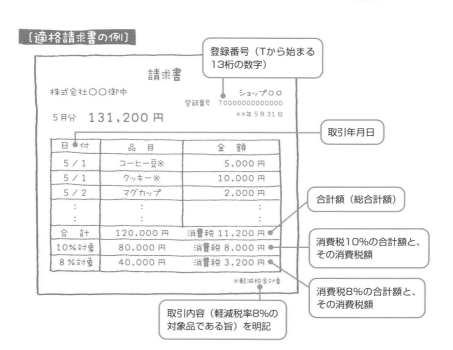

求められたら適格請求書を交付しなければならない

適格請求書に記載されるのは、「登録番号」「取引日」「適用税率」「税率ごとに区分した消費税額等」などです（前ページ参照）。

売り手である適格請求書発行事業者は、買い手である取引相手（課税事業者）から求められたときに、適格請求書を交付し、交付した適格請求書の写しを保存しておかなければなりません。

また、買い手は仕入税額控除の適用を受けるために、原則として、取引相手（売り手）から交付を受けた適格請求書の保存が必要となります。

ただし、売上高5,000万円以下の小規模な事業者に限り、2029年9月末までは、1万円未満の経費などはインボイス保存不要で仕入税額控除できるという期間限定の負担軽減措置があります（この措置を「少額特例」といいます）。

経過措置期間中の免税事業者との取引の仕訳

2023年10月より開始されたインボイス制度では、取引先が適格請求書発行事業者に未登録の場合（「免税事業者」といいます）、仕入や経費などにかかる消費税は控除対象外となります。

ただし、インボイス制度開始から6年間に限っては経過措置が認められ、最初の3年（2026年9月30日まで）は免税事業者に支払った仕入や経費などの80%、その後の3年（2029年9月30日まで）は50%を控除できます。

経過措置期間中の免税事業者との取引の仕訳は、仕入税額控除が受けられない%分を該当する勘定科目の費用に上乗せするか、「雑損失」（081ページ参照）に振り替える方法で行われます。

「雑損失」を用いる場合は、取引時点では通常の仕訳をし、決算（142ページ参照）のときに控除されない分を一括して「雑損失」にします。

たとえば、税抜経理方式の場合、次のような仕訳になります。免税事業者からの仕入が多い会社の場合は、おぼえておきましょう。

| 例 | **免税事業者から事務用品を11,000円で購入した場合** |

（80%控除期間中に発生）

1）控除されない分（20%）を費用に上乗せする方法

	借方		貸方	
4/4	消耗品費	10,200	現 金	11,000
	仮払消費税	800		

> 仕入税額控除が受けられない200円を消耗品費の費用に上乗せする。

2）「雑損失」に振り替える方法

[取引時点の仕訳]

	借方		貸方		摘要
4/4	消耗品費	10,000	現 金	11,000	80%控除対象
	仮払消費税	1,000			

[決算期の仕訳]

	借方		貸方		
3/31	雑損失	200	仮払消費税	200	

> 取引時点では通常の仕訳をし、決算のときに控除されない200円を雑損失に振り替える。

CHECK!

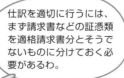

> 仕訳を適切に行うには、まず請求書などの証憑類を適格請求書分とそうでないものに分けておく必要があるわ。

☐ インボイス制度では、適格請求書のみが仕入税額控除の対象となる

☐ 適格請求書は、インボイスの登録を受けた課税事業者しか発行できない

☐ 免税事業者との取引で支払った消費税額は、控除の対象外になる

現金出納業務③

領収書がもらえない経費の精算

経費の精算には領収書が必要ですが、領収書がなくても、仕事に関係した費用であれば経費として認められます。たとえば、領収書が発行されない電車賃やバス代などです。その場合は、支払いの明細を記した精算書などが領収書のかわりになります。

領収書のない交通費の精算

領収書をもらうことができない電車やバスなどの運賃は、日付・訪問先・乗車区間・金額などを明記した「交通費精算書」にまとめ、これを領収書のかわりとします。

交通費精算書を受け取ったら、経理担当者は合計金額をすみやかに確認し、従業員が立て替えた金額を実費で返します。

精算が済んだら、受領した人に印を押してもらいます。

従業員が仕事のために利用した交通費は、「旅費交通費」や「通勤費」などの勘定科目で処理します。

交通費精算書

| 申請者 | 所属 | | | | 所属長 | 経理 | 受領印 |
| | 氏名 | | 印 | | | | |

日付	訪問先	用件	交通機関	出発	到着	片/往	金額
		合　　計					

精算金額　　　　　　　　　　精算日　　　年　　月　　日

交通費精算書は、できるだけ月をまたがずに、同一月内でまとめて書いてもらうといいわ!

合計金額を確認します。

領収書のない祝儀や香典の精算

　電車賃やバス代のほかにも、領収書が発行されないケースがあります。たとえば、取引先や仕事関係者の冠婚葬祭に使った祝儀や香典、見舞金などです。

　そのような場合は、領収書のかわりに、日付・支払先・内容・金額を明記した「出金伝票」を提出してもらい、招待状や会葬礼状なども保存しておきます。

精算が済んだら、受領者の印をもらうのを忘れずに。

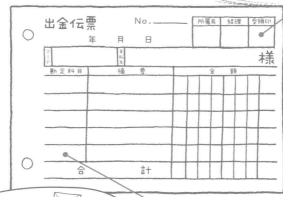

祝儀や香典は「接待交際費」として処理されます。

出金伝票といっしょに招待状やお礼状を保存しておくといいんですね！

ADVICE

3万円未満の電車・バスはインボイス不要

　3万円未満の金額で電車やバスなどの公共交通機関を利用した場合、領収書を保存しなくても、帳簿などにきちんと記帳をすれば、消費税の仕入税額控除は認められます。

CHECK!

- □ 領収書が発行されない電車賃やバス代などは、交通費精算書にまとめる
- □ 従業員が立て替えた交通費などは実費で返す
- □ 冠婚葬祭で使った経費は、出金伝票といっしょに招待状やお礼状を保存する

現預金や経費の管理

3

現金出納業務③ **領収書がもらえない経費の精算**

もっと
くわしく
知りたい！

経費の仕訳②

消耗品費と備品は、日常の業務でもっとも登場することが多い勘定科目の一つ。両者を見分ける基準は、取得価額（購入したときの値段）と、使用可能な期間です。

| 消耗品費 | 使用可能な期間が1年未満、または取得価額が一つにつき10万円未満のもの。 |

〔消耗品費にふくまれるもの〕
・筆記用具などの文房具
・コピー用紙、封筒、伝票、名刺などの事務用品
・ティッシュペーパー、食器洗剤、蛍光灯、電池などの日用雑貨
・1セット10万円未満の机やイス
・10万円未満のパソコン、パソコン周辺機器

| 備　　品 | 原則として使用可能な期間が1年以上で、取得価額が10万円以上のもの。備品は、固定資産として資産にふくめます。 |

〔備品にふくまれるもの〕
・10万円以上の机やイス、応接セットなど
・10万円以上のパソコン、コピー機など

KEY WORD
「固定資産」とは？
会社を経営するために、1年以上継続的に使用する財産のこと。固定資産について、使用可能な期間を想定して、帳簿上の価値も少しずつ減らしていく手続きを減価償却といいます。

※減価償却については136ページ以降でくわしく説明します。

消耗品費と備品の見分け方

消耗品費も備品も、会社が業務で使用する事務用品や家具、機械などを購入したときに使う勘定科目です。両者は取得価額と使用期間によって使い分けます。

10万円以上でも、1年以上使用できないものは、備品じゃないってことですね。

START
使用期間が1年未満か？ —YES→ 消耗品費
—NO→ 取得価額が10万円未満か？ —YES→ 消耗品費
—NO→ 備品

消耗品費と備品の仕訳

例）ノートを5冊購入し、代金500円を現金で支払った場合

	借方		貸方	
6/10	消耗品費	500	現　金	500

消耗品費は、費用のグループの勘定科目なので、増えたら借方に記入。

「消耗品費」は、使用可能な期間が1年未満、または取得価額が10万円未満の場合ね。

例）事務所用にデスクを購入し、代金120,000円を現金で支払った場合

	借方		貸方	
4/10	備　品	120,000	現　金	120,000

この場合は、取得価額が10万円以上で、使用可能な期間が1年以上だから「備品」ということか……。

備品は、資産のグループの勘定科目なので、増えたら借方に記入。

月割経費で、毎月の経費を平準化する

保険料や減価償却費などを月々の経費にあてて、分割して計上することを「月割経費」といいます。会社がこの方法を採用していると、支払月などに多額の経費が突出することがなくなり、毎月の経費を平準化できます。

毎月の経費を平準化する

年額240,000円の火災保険料の支払いを、毎月同じ金額の月割経費として計上すると、次のようになります。

〔年1回計上した場合〕

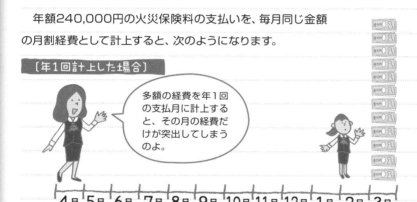

多額の経費を年1回の支払月に計上すると、その月の経費だけが突出してしまうのよ。

4月 5月 6月 7月 8月 9月 10月 11月 12月 1月 2月 3月

〔月割で計上した場合〕

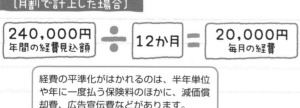

| 240,000円 年間の経費見込額 | ÷ | 12か月 | = | 20,000円 毎月の経費 |

年2〜3回支給される賞与も月割で計上すれば、支給月だけ経費が突出して発生することがなくなるわ。

経費の平準化がはかれるのは、半年単位や年に一度払う保険料のほかに、減価償却費、広告宣伝費などがあります。

4月 5月 6月 7月 8月 9月 10月 11月 12月 1月 2月 3月

月割経費を仕訳する

年額240,000円の火災保険料を、4月に現金で支払った
ときの仕訳を見ていきましょう。

〔支払日の仕訳〕

	借方		貸方	
4/5	前払費用	240,000	現　金	240,000

前払費用は、費用という名前がつきます
が、資産のグループの勘定科目です。こ
こで借方の勘定科目を保険料にしてしま
うと、二重計上になるので注意。

上記の取引を月割で計上し、毎月20,000円の経費として
処理するときの仕訳は、次のとおりです。

〔毎月の仕訳〕

	借方		貸方	
4/30	保険料	20,000	前払費用	20,000

この仕訳を翌年の3月ま
で計12回繰り返すと、最
終的に前払費用がゼロ
になるわけ。

仮払金の支払いと精算

「仮払金」とは、出張や接待に必要な経費を概算して、会社が従業員に渡しておくこと。飲食代や宿泊費、交通費の立て替えが、個人の負担にならないようにするための措置です。仮払金を受けた従業員には、出張や接待を終えたら、すみやかに精算を済ませてもらいます。

仮払金を渡す

申請者から「仮払申請書」を受け取ったら、経理担当者は内容と金額を確認し、約束の日に仮払金を渡します。

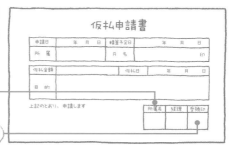

お金を渡す前に、上司の印を確認することを忘れずに。

お金を渡したら、申請者に受領印を押してもらいます。

仮払いしたときの仕訳

100,000円の出張旅費を現金で仮払いしたときの仕訳を見ていきましょう。

この取引では、「100,000円の現金を渡した」という事実と、「100,000円の仮払金が発生した」という理由が、それぞれ「現金」と「仮払金」という勘定科目に仕訳されます。

	借方		貸方	
5/20	仮払金	100,000	現 金	100,000

現金を渡したら、仮払金が発生したことを仕訳帳や現金出納帳に記録してね！

概算払いの時点で「仮払金」として処理します。仮払金は資産のグループに属する勘定科目なので、発生したら借方に記入します。

現
預
金
や
経
費
の
管
理

3

現
金
出
納
業
務
④

**仮
払
金
の
支
払
い
と
精
算**

仮払金を精算する

従業員が出張や接待から戻ったら、差額の現金と「仮払金精算書」を受け取ります。

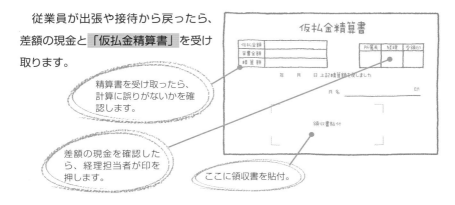

精算書を受け取ったら、計算に誤りがないかを確認します。

差額の現金を確認したら、経理担当者が印を押します。

ここに領収書を貼付。

仮払いを精算したときの仕訳

宿泊費が50,000円、飲食代が5,000円、交通費が25,000円かかったという報告を受け、現金20,000円の返還を受けたときの仕訳は次のようになります。

	借方		貸方	
5/20	仮払金	100,000	現 金	100,000
5/25	旅費交通費	80,000	仮払金	100,000
	現 金	20,000		

仮払金は資産のグループ。

現金は資産のグループ。

旅費交通費という勘定科目は費用のグループ。

精算のときに、仮払金から正しい処理に修正されるんですね。

会社によっては飲食代を「会議費」に、交通費を「旅費交通費」として処理するところもあるの。

CHECK!

- ☐ 仮払金とは、出張や接待の際に、会社が従業員に前もって渡すまとまったお金

- ☐ 申請者から仮払申請書を受け取り、仮払金を渡す

- ☐ 出張や接待から戻ったら、差額の現金と仮払金精算書を受け取る

売上代金を現金で回収する

月末、営業担当者は取引先を回って、買掛金などの売上代金を回収することがあります。その際に必要になるのが、現金と引き換えに相手に渡す領収書です。ここでは領収書の発行のしかたと、代金を回収したときの仕訳処理について説明します。

領収書を発行する

取引先から売上代金を受け取る際、営業担当者は現金と引き換えに領収書（領収証）を渡します。領収書は経理担当者が事前に発行し、営業担当者に渡しておくのが一般的。領収書を発行する場合は、記載した内容に間違いがないように、営業担当者に宛名、金額、但し書きなどを確認しましょう。

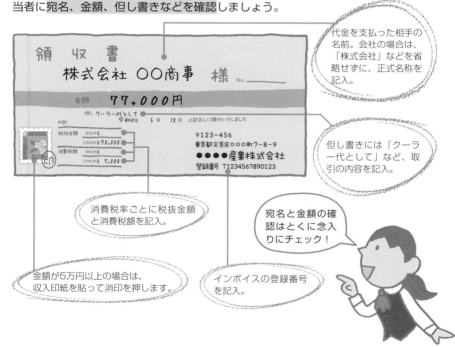

代金を支払った相手の名前。会社の場合は、「株式会社」などを省略せずに、正式名称を記入。

但し書きには「クーラー代として」など、取引の内容を記入。

宛名と金額の確認はとくに念入りにチェック！

消費税率ごとに税抜金額と消費税額を記入。

金額が5万円以上の場合は、収入印紙を貼って消印を押します。

インボイスの登録番号を記入。

現金を金庫に保管し帳簿に記入する

営業担当者から売上代金と領収書の控えを受け取ったら、経理担当者は金額を確かめて現金を金庫に保管し、取引の内容を帳簿に記入します。

9月10日に発生した売掛金50,000円を、同月28日に現金で回収したときの仕訳を見ていきましょう。

	借方		貸方	
9/10	売掛金	50,000	売 上	50,000
9/28	現 金	50,000	売掛金	50,000

> 売掛金は資産のグループに属する勘定科目なので、減少したら貸方に記入します。

この取引では、「50,000円の現金を受け取った」という事実と、「50,000円の売掛金を回収した（＝50,000円の売掛金が減少した）」という理由が、それぞれ「現金」と「売掛金」という勘定科目に仕訳されます。

CHECK!

> 領収書の控えに書かれている金額と現金が一致しているか確認！ 現金は必ず金庫に保管してね。

- □ 集金の際は、事前に領収書を作成して、営業担当者に渡しておく
- □ 金額が5万円以上の場合は、収入印紙を貼る
- □ 売上代金と領収書の控えを受け取ったら、取引の内容を帳簿に記入

小口現金の管理と照合

現金出納業務でもっとも多いミスは、現金の過大受領と支払不足、帳簿の記録漏れです。ミスに早く気づくためにも、一日の出納業務が終わったら手提げ金庫の中の現金を数え、現金出納帳などの残高と一致しているか確認しましょう。

現金と帳簿の残高を照合する

一日の現金出納が終わったら、小口現金が入っている手提げ金庫の中の現金を数え、現金出納帳などの残高と合っているか確認します。この作業を「照合」といいます。

差額が生じた場合は、帳簿への記入ミスがないかを確認し、金庫の中の現金を再計算します。

手提げ金庫の中身は、担当者以外の目でチェックすることも大事です。ケアレスミスを防ぐためにも、定期的に上司や先輩に立ち会ってもらって確認しましょう。

照合を毎日行っていれば、残高に差異が生じてもすぐに発見できるはずよ！

現金出納帳の残高
（現金の帳簿残高）

金庫の中の現金
（現金の実際残高）

出金や入金がなくても、照合は毎日行います。

月末の集計は上司に立ち会ってもらいましょう。

ADVICE

「手提げ金庫」の管理

小口現金が入っている手提げ金庫は、施錠して大金庫や机の中に保管し、鍵はつねに現金出納係が管理しましょう。離席する場合も、引き出しに鍵をかけることも忘れずに。

金種表を作成する

　照合にあたっては、金庫の中の現金を詳細に記録した「金種表（きんしゅひょう）」が役立ちます。

　金種表とは、お札や硬貨の枚数を種類別に計算した一覧表のことです。これを利用すれば、○月○日時点での金庫の中身が一目瞭然となり、計算が合わないときの原因を探りやすくなります。

金　種　表		年　　月　　日
	枚　数	金　額
1 万円券	枚	円
5 千円券	枚	円
2 千円券	枚	円
1 千円券	枚	円
500 円	枚	円
100 円	枚	円
50 円	枚	円
10 円	枚	円
5 円	枚	円
1 円	枚	円
合計金額		円

担当者　　　　印
責任者　　　　印

記入者の署名と印鑑。

大事なのは、ミスを早期に発見してリカバリーすること！

CHECK!

☐ 一日の現金出納が終わったら、現金と帳簿の残高を照合する

☐ 定期的に上司や先輩に立ち会ってもらって確認する

☐ 金種表を使って、手提げ金庫の中の小口現金を把握する

現預金や経費の管理

3 現金出納業務⑥ 小口現金の管理と照合

現金出納業務⑦

現金が合わないときの仕訳

現金出納帳の残高と手提げ金庫の中の現金が合わないときは、原因が明らかになるまで、差額を「現金過不足」という仮の勘定科目で記入し、帳簿の金額を実際の現金に合わせておきます。その際は必ず上司の許可を得なければなりません。

残高の不一致を発見したとき

　帳簿上の残高（帳簿残高）と実際の現金残高（実際残高）が一致しないときは、すみやかに上司に報告し、「現金過不足」という勘定科目を使って次のような仕訳処理を行います。

　その後、経理担当者は、金額の記入ミスや漏れ、現金の数え間違いがないかなど、不一致の原因を調査します。

実際残高 < 帳簿残高 の場合

借方に記入された現金過不足は、**原因不明の現金不足**が生じたことを表しています。

現金が5,000円足りない！

	借方		貸方	
12/8	現金過不足	5,000	現 金	5,000

実際残高 > 帳簿残高 の場合

貸方に記入された現金過不足は、**原因不明の現金過剰**が生じたことを表しています。

現金が5,000円多い！

	借方		貸方	
12/8	現 金	5,000	現金過不足	5,000

どちらの場合も、実際残高に合わせて、帳簿の記録を修正するの！

原因が判明したとき、しないとき

現金過不足の勘定科目で処理した後、決算期までに不一致の原因が判明した場合は、正しい勘定科目を記入して仕訳をやり直します。

期末の決算期までに原因がわからない場合は、「雑収入」（収入のグループ）または「雑損失」（費用のグループ）という勘定科目に振り替えて処理をします。

決算期までに原因がわかった場合

今度は貸方に現金過不足を記入。反対の仕訳をすることで、現金過不足の残高がゼロに……。

現金不足の原因が旅費交通費の記入漏れだったと判明！

	借方		貸方	
12/11	旅費交通費	5,000	現金過不足	5,000

決算期になっても原因がわからない場合

現金過不足は仮勘定科目なので、決算において残額をゼロにしなければなりません。

5,000円の不足額を雑損失に振り替える！

	借方		貸方	
12/26	雑損失	5,000	現金過不足	5,000

5,000円の過剰額を雑収入に振り替える！

	借方		貸方	
12/26	現金過不足	5,000	雑収入	5,000

はいっ！そこまで！

ギクッ！

NG

自分のポケットマネーで処理することは絶対にやってはダメ！

CHECK!

- ☐ 現金が足りないときは、借方に現金過不足を記入する
- ☐ 現金が多いときは、貸方に現金過不足を記入する
- ☐ 原因が判明したら、正しい勘定科目を記入して、仕訳をやり直す

預金管理業務①

当座預金と預金出納帳

会社が利用する預金口座には、当座預金、普通預金、定期預金などの種類があります。ここでは、会社特有の預金口座である当座預金について理解するために、仕入をしたときの仕訳の一例と、預金出納帳の記入例を見ていきましょう。

会社が利用するおもな預金口座

多額の取引は、現金ではなく、銀行の口座を通じてやりとりされるのが一般的です。当座預金、普通預金、定期預金など、会社はいくつかの預金口座をもっていることが多いので、経理担当者はつねに預金のおよその残高を知っておかなければなりません。

当座預金

小切手や手形を振り出すなどの決済をするための銀行口座。利息はつきません。

当座預金は、会社の信用によって開設できる銀行口座。買掛金の支払いなどによく使われます。

普通預金

個人の普通預金と同じ。銀行のATMなどを使って預金、引き出し、振り込みができます。

定期預金

一定期間、預け入れることで、普通預金よりも高い利息が得られます。

そういうことだったのか!

当座預金に現金を預け入れる

当座預金に現金400,000円を預け入れたときの仕訳を見ていきましょう。

この取引では、「400,000円の現金が減った」という事実と、「400,000円の当座預金が増えた」という理由が、それぞれ「現金」と「当座預金」という勘定科目に仕訳されます。

	借方		貸方	
4/10	当座預金	400,000	現 金	400,000

当座預金の勘定科目は、資産グループに属する「預金」ですが、ここではその他の預金と区別するために「当座預金」という科目を用いました。当座預金口座に現金や（他人振出しの）小切手を預け入れたときは、借方に記入します。

当座預金は小切手や手形による決済専用の銀行口座とおぼえれば簡単ね！

小切手を振り出して代金を支払う

当座預金の引き出しには小切手が用いられます。80,000円の商品を仕入れ、小切手を振り出して代金を支払ったときの仕訳は、次のとおりです。

この取引では、「80,000円の小切手を振り出した（＝80,000円の当座預金が減った）」という事実と、「80,000円の商品を仕入れた」という理由が、それぞれ「当座預金」と「仕入」という勘定科目に仕訳されます。

	借方		貸方	
5/22	仕　入	80,000	当座預金	80,000

小切手を振り出したときは、当座預金が減ることになるので、貸方に記入します。

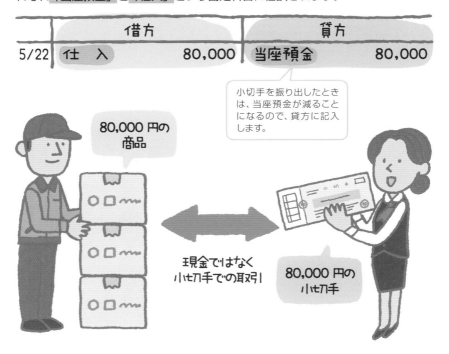

80,000円の商品

現金ではなく小切手での取引

80,000円の小切手

預金出納帳を作成する

　「預金出納帳」（「預金帳」ともいいます）とは、預金の出し入れだけを毎日発生順に記録して、預金の残高を管理するための帳簿。主要簿（仕訳帳や元帳）の情報を補う、補助簿としての役割をはたします。

相手勘定科目（仕訳したときの反対側の勘定科目）を記入。

前月からの繰り越しがあった場合は、預入と残高の欄に金額を記入。

[当座預金出納帳]

日　付	摘　要	科　目	預　入	引　出	残　高
7月 1 日	前月繰越		280,000		280,000
7月 5 日	A商店から仕入れ	仕　入		150,000	130,000
7月12日	現金預け入れ	現　金	120,000		250,000
7月16日	B商会へ買掛金支払い	買掛金		60,000	190,000
7月25日	家賃支払い	賃借料		160,000	30,000
7月29日	現金預け入れ	現　金	170,000		200,000
7月31日	次月繰越			200,000	
			570,000	570,000	
8月 1 日	前月繰越		200,000		200,000

次月への繰り越しがある場合は、月末の日付と、引出欄に金額を記入。

銀行から送られてくる「当座勘定照合表」を見て、残高や取引の内容を確認してね。

CHECK!

- □ 当座預金は、小切手や手形などによる決済専用の銀行口座
- □ 小切手を振り出したときは貸方、預け入れたときは借方に記入
- □ 当座預金出納帳を作成して、取引の内容を明確にする

小切手と手形については086ページ以降でくわしく説明。

預金管理業務②

小切手の処理

いつでも現金にかえることができる小切手は、通貨代用証券ともいわれています。したがって、仕訳では、小切手を受け取ったときの勘定科目は「現金」（資産グループ）、小切手を振り出したときの勘定科目は「当座預金」（資産グループ）となります。

小切手を受け取ったら

　小切手を受け取ったら、振出日から起算して10日以内に、銀行に持参して現金にかえてもらいます。

　70,000円の売掛代金を小切手で受け取ったときの仕訳を見ていきましょう。

　この取引では、「70,000円の小切手を受け取った（＝70,000円の現金が増えた）」という事実と、「70,000円の売掛金を回収した」という理由が、それぞれ現金と売掛金という勘定科目に仕訳されます。

	借方		貸方	
1/24	現　金	70,000	売掛金	70,000

小切手はすぐに現金にかえられる通貨代用証券なので、勘定科目は現金となります。仕訳をしたら、現金出納帳に記入することも忘れずに。

よし！同じだ

小切手を受け取ったら、小切手に記載された金額と、回収すべき金額が一致しているかを確認してね！

小切手を振り出すとき

150,000円の小切手を振り出して、買掛代金を支払ったときの仕訳は、以下のとおりです。

この取引では、「150,000円の小切手を振り出した（＝150,000円の当座預金が減った）」という事実と、「150,000円の買掛金を支払った」という理由が、それぞれ当座預金と買掛金という勘定科目に仕訳されます。

小切手を振り出す場合は、その金額以上の残高が当座預金にあることを確認してから発行しなければなりません。また、小切手を発行したら、ミシン目を切り取って控えを保管することも忘れずに。

	借方		貸方	
3/10	買掛金	150,000	当座預金	150,000

仕訳の日付は、小切手を振り出したとき（＝小切手を相手に渡したとき）。

記入漏れがないか、再度チェック！ 慣れないうちは、先輩や上司に確認してもらうといいわ。

ADVICE

20〜50枚つづりの小切手帳
20枚から50枚程度の小切手用紙をつづった冊子を小切手帳といいます。小切手帳は銀行で交付してもらうことができます。

CHECK!

☐ 小切手を受け取ったときは現金、振り出したときは預金の勘定科目で仕訳する

☐ 受け取った小切手は、振出日から起算して10日以内に銀行にもっていく

☐ 小切手を発行したら、ミシン目を切り取って控えを保管する

預金管理業務③
手形の処理

商品を売ったときに受け取った手形は「受取手形」（資産グループ）、代金を支払うために振り出した手形は「支払手形」（負債グループ）の勘定科目を使って仕訳されます。

手形を受け取ったら

　手形を受け取ったら、盗難や紛失がないようにすみやかに金庫に保管。呈示期間（支払期日を含む3日以内）までに銀行に取立てを依頼します。

　56,000円の売上代金を手形で受け取ったときの仕訳を見ていきましょう。

　この取引では、「56,000円の手形を受け取った」という事実と、「56,000円の売上を計上した」という理由が、それぞれ受取手形と売上という勘定科目に仕訳されます。

	借方		貸方	
4/6	受取手形	56,000	売　上	56,000

　支払期日がきて、手形を現金化したときの仕訳は次のとおりです。

　この取引では、「56,000円の手形を現金化して預金した」という事実と、「56,000円の手形債権が消滅した」という理由が、それぞれ普通預金と受取手形という勘定科目に仕訳されます。

	借方		貸方	
6/30	普通預金	56,000	受取手形	56,000

手形は、支払期日がきて、はじめて現金にすることができるんですね！

手形を振り出すとき

　手形を振り出す際は、期日管理をきちんと行い、支払日にその金額を銀行の当座預金に用意しておかなければなりません。

　80,000円の手形を振り出して、仕入代金を支払ったときの仕訳は、以下のとおりです。

　この取引では、「80,000円の手形を振り出した」という事実と、「80,000円の商品を仕入れた」という理由が、それぞれ支払手形と仕入という勘定科目に仕訳されます。

	借方		貸方	
8/4	仕　入	80,000	支払手形	80,000

　支払期日がきて、代金の授受が行われたときの仕訳は次のとおりです。

　この取引では、「80,000円の手形代金を預金から支払った」という事実と、「80,000円の手形債務が消滅した」という理由が、それぞれ当座預金と支払手形という勘定科目に仕訳されます。

仕訳の日付は、手形に記載された期日です。

	借方		貸方	
10/29	支払手形	80,000	当座預金	80,000

\なるほど/

手形の発行にともなって双方に手形債権と手形債務が発生。支払期日がきて代金の授受が行われたとき、手形債権と手形債務は消滅します。

KEY WORD

「不渡手形」とは？

振出人の資金不足などにより、支払期日がきても決済できない手形のことを「不渡手形」といいます。不渡手形を出すと、会社の信用はいちじるしく損なわれます。

CHECK!

☐ 受け取った手形の勘定科目は、受取手形（資産グループ）

☐ 振り出した手形の勘定科目は、支払手形（負債グループ）

☐ 仕訳帳に記入する日付は、手形に記載された期日

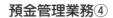

預金口座に入金があったとき

預金口座にお金を預け入れたり、預金口座に売掛金が振り込まれたときの仕訳を見ていきましょう。入金があったら、借方に「普通預金」という勘定科目と金額を記入。仕訳帳や伝票への記入を済ませたら、預金出納帳にも忘れずに記録してください。

預金口座にお金を預け入れたとき

普通預金の口座に、現金500,000円を入金したときの仕訳です。

この取引では、「500,000円の現金が減った」という事実と、「500,000円の普通預金が増えた」という理由が、それぞれ現金と普通預金という勘定科目に仕訳されています。

	借方		貸方	
4/5	普通預金	500,000	現　金	500,000

先に預金出納帳への記入を済ませ、後でまとめて仕訳帳や元帳に転記する場合もあるみたい。また、預金出納帳に入力すると、自動的に仕訳帳に記録される会計ソフトもあるわ。

おお～っ！

取引先からの入金を確認するとき

　売掛金などは、銀行振り込みで支払われるのが一般的です。振込予定日がきたら、銀行で通帳記入を行い、正しい金額が振り込まれているかを確認しましょう。

　取引先からの入金を確認したら仕訳を行います。以下は、300,000円の売掛金を銀行振り込みで回収したときの仕訳です。

　この取引では、「普通預金の口座に300,000円の入金があった」という事実と、「300,000円の売掛金を回収した」という理由が、それぞれ普通預金と売掛金という勘定科目に仕訳されています。

	借方		貸方	
2/25	普通預金	300,000	売掛金	300,000

預金出納帳や売掛帳への記入も忘れずに！

振込予定日を過ぎても入金が確認できないときは、上司や先輩に報告します。ただし、営業時間外の入金は当日扱いとならず、土日や祝日をはさんだ場合は、翌営業日扱いの振り込みになるので、取引先への入金確認は数日待ったほうが無難です。

ADVICE

振込手数料が差し引かれていた場合

　取引先によっては、振込手数料をこちらが負担することがあります。入金額から振込手数料440円が差し引かれていたときの仕訳は右記のとおりです。

	借方		貸方	
2/25	普通預金	299,560	売掛金	300,000
	支払手数料	440		

銀行の振込手数料は、費用グループの「支払手数料」という勘定科目で仕訳されます。

CHECK!

☐ 勘定科目は、資産グループの普通預金。預金が増えたら借方へ記入する

☐ 振込日がきたら通帳記入を行って、振り込まれた金額を確認する

☐ 銀行の振込手数料は、支払手数料という勘定科目で仕訳する

おぼえておこう

預金管理業務⑤

預金口座から出金があったとき

預金口座から現金を引き出したり、取引先に代金や経費を振り込んだときの仕訳を見ていきましょう。出金があったら、貸方に「普通預金」という勘定科目と金額を記入。仕訳帳や伝票、預金出納帳にも忘れずに記録します。

普通預金を引き出すとき

普通預金から50,000円の現金を引き出し、小口現金として手提げ金庫に補充したときの仕訳です。

この取引では、「50,000円の普通預金が減った」という事実と、「50,000円の小口現金が増えた」という理由が、それぞれ普通預金と小口現金という勘定科目に仕訳されます。

	借方		貸方	
11/29	小口現金	50,000	普通預金	50,000

現金出納帳や預金出納帳への記入も忘れずに！

ATMでの引き出しは、1日あたりの利用限度額が定められているので要注意。窓口を利用する場合は、銀行届出印も忘れずにね！

そうなんだ...

普通預金は通帳やカードを使って、銀行の窓口やATMで引き出します。

取引先に振り込みをするとき

　取引先から請求書が送られてきたら、内容と金額を担当者に確認し、指定日に銀行で支払います。

　以下は、80,000円の買掛金を銀行振り込みで支払ったときの仕訳です。

　この取引では、「普通預金の口座から80,000円を振り込んだ（預金が減った）」という事実と、「80,000円の買掛金を支払った」という理由が、それぞれ普通預金と買掛金という勘定科目に仕訳されています。

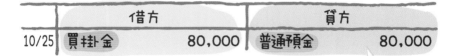

	借方		貸方	
10/25	買掛金	80,000	普通預金	80,000

「買掛金」は負債グループの勘定科目。ここでは、負債が減ったので借方に記入するのか〜。

小切手で支払った場合は、当座預金が減ることになるので、貸方の勘定科目は「当座預金」になります。

従業員に給与を振り込むときは…

	借方		貸方	
3/25	給　与	600,000	普通預金	600,000

アルバイトやパートなど非正規社員に対して支払われる給与は「雑給」になります。

CHECK!

　普通預金の口座から、従業員に給与を振り込んだときの仕訳は、上記のとおりです。なお、給与の振り込みは実際には税金などを差し引いた額になります（くわしくはPART5で説明）。

- ☐ 勘定科目は、資産グループの普通預金。預金が減ったら貸方へ記入する
- ☐ 請求書が送られてきたら、内容と金額を担当者に確認する
- ☐ 指定日に銀行のATMやインターネットバンキングを利用して支払う

インターネットバンキングについては094ページで説明。

現預金や経費の管理

3

預金管理業務⑤ **預金口座から出金があったとき**

インターネットバンキングの利用

日常的に行われる預金管理業務の中で、新人の経理担当者に任せられることが多いのは、振り込みや残高確認といった銀行の預金口座の管理です。現在は銀行のATMのほかにも、法人向けのインターネットバンキングを使って決済や履歴の確認ができます。

銀行に足を運ばなくても決済や残高確認ができる

インターネットバンキング（オンラインバンキング）とは、パソコンを使ってインターネット経由で受けられる銀行取引のサービスです。銀行のウェブにアクセスすることで、銀行に足を運ばなくても決済や残高照会ができます（銀行の窓口やATMが閉まっている土日や深夜でも取引可能）。

ただし、インターネットバンキングを利用する際は、パソコンのセキュリティ管理も重要です。不正アクセスを防ぐためにも、ログインIDやパスワードなどの情報は慎重に扱い、パスワードも定期的に変更するように心がけましょう。また、パソコンの情報が盗み取られないように、ウィルス対策を万全にすることも大切です。

送金は、銀行振り込みが一般的。現在はインターネットバンキングの利用が増えていて、小切手や手形を使う場面は少なくなっています。

ログインしたまま席を離れちゃダメ！たとえ短時間であってもログアウトしてから席を立ってね！

売上取引・仕入取引の業務

売上があったときの処理①

請求書を作成する

商品を売ったりサービスを提供したら、取引内容を確認するために、請求書を作成して取引先に送付。請求額や振込先を示して代金の支払いを求めます。多くの場合、請求書は経理担当者または営業担当者が作成します。

請求書発行のルール

　請求書は、月末に締めて1か月分をまとめて、翌月の初旬に相手の会社に郵送するのが一般的です（商品の発送の際に、納品書といっしょに請求書を添付する場合もあります）。

　適格請求書（064ページ参照）の要件を満たすには、取引先の会社名、請求番号、インボイスの登録番号、取引日、請求日（発行日）、請求額、8％・10％ごとの消費税額、振込先などを明記します。

とても大事ですね。

一定期間、請求をせずに放っておくと売掛債権は消滅してしまうので注意！

例）「月末締め」の場合（7月分）

7/1

 売上 売上 売上

7/31 締め日

7月1日〜31日までの売上を集計！

8月のはじめに請求書を作成し、取引先に発送

KEY WORD

「締める」とは？

月末または毎月10日や15日などと任意に「締め日」を設定して、その期間に行われた取引を精算すること。

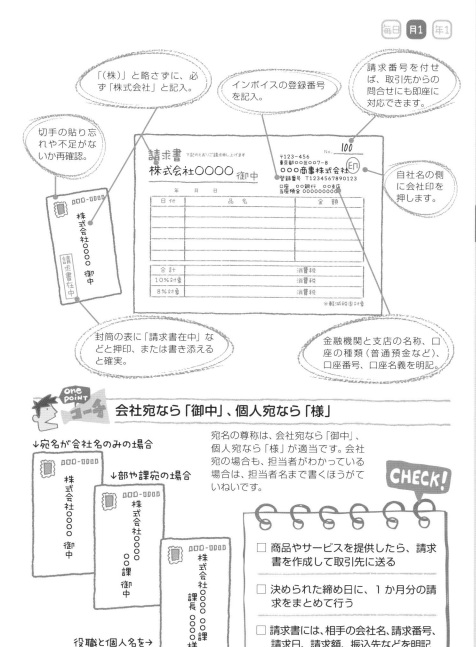

「（株）」と略さずに、必ず「株式会社」と記入。

インボイスの登録番号を記入。

請求番号を付せば、取引先からの問合せにも即座に対応できます。

切手の貼り忘れや不足がないか再確認。

自社名の側に会社印を押します。

封筒の表に「請求書在中」などと押印、または書き添えると確実。

金融機関と支店の名称、口座の種類（普通預金など）、口座番号、口座名義を明記。

会社宛なら「御中」、個人宛なら「様」

↓宛名が会社名のみの場合

↓部や課宛の場合

役職と個人名を→書き添える場合

宛名の尊称は、会社宛なら「御中」、個人宛なら「様」が適当です。会社宛の場合も、担当者がわかっている場合は、担当者名まで書くほうがていねいです。

CHECK!

☐ 商品やサービスを提供したら、請求書を作成して取引先に送る

☐ 決められた締め日に、1か月分の請求をまとめて行う

☐ 請求書には、相手の会社名、請求番号、請求日、請求額、振込先などを明記

売上があったときの処理②
売上を仕訳する

請求書を発行したら、次に売上の仕訳を行います。ここでのポイントは、日付の記入と消費税の処理。「税込処理方式」（いわゆる内税方式）か「税抜処理方式」（外税方式）かによって、仕訳のやり方は異なります。

税込処理方式での売上の仕訳

　本体価格 50,000 円の商品を掛けで販売し、消費税をふくめた販売価格 55,000 円を売上として処理したときの仕訳です。

　この取引では、「55,000 円の売掛金が発生した」という事実と、「55,000 円の商品を売り上げた」という理由が、それぞれ「売掛金」「売上」という勘定科目に仕訳されます。

	借方		貸方	
7/20	売掛金	55,000	売 上	55,000

日付はその仕事が完了した日。商品を出荷した日にしている会社が多いのよ。1か月分の売上をまとめて「締め日」の日付を使っている会社も少なくないわ。

税込処理方式では、消費税をふくめた金額を記帳。本体価格50,000円の商品を販売した場合、消費税込みで55,000円の売上と記載します。軽減税率の対象となる売上については、062ページのやりかたにならって、摘要欄に「※」や「☆」などの目印を付けます。

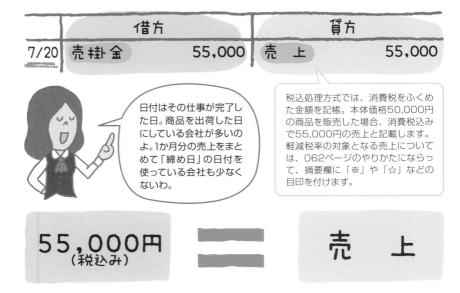

55,000円（税込み）　＝　売　上

税抜処理方式での売上の仕訳

本体価格 50,000 円の商品を掛けで販売し、50,000 円の売上と、5,000 円の消費税に分けて処理したときの仕訳は、次のとおりです。

この取引では、「55,000 円の売掛金が発生した」という事実と、「50,000 円の商品を売り上げ、5,000 円の消費税を預かった」という理由が、それぞれ「売掛金」「売上」「仮受消費税」という勘定科目に仕訳されます。

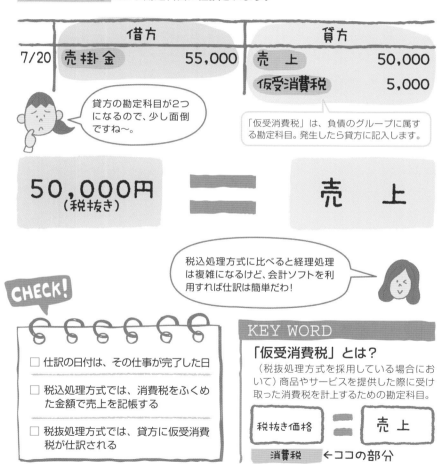

	借方		貸方	
7/20	売掛金	55,000	売 上	50,000
			仮受消費税	5,000

貸方の勘定科目が2つになるので、少し面倒ですね〜。

「仮受消費税」は、負債のグループに属する勘定科目。発生したら貸方に記入します。

50,000円 （税抜き） ＝ 売 上

税込処理方式に比べると経理処理は複雑になるけど、会計ソフトを利用すれば仕訳は簡単だわ!

CHECK!

☐ 仕訳の日付は、その仕事が完了した日

☐ 税込処理方式では、消費税をふくめた金額で売上を記帳する

☐ 税抜処理方式では、貸方に仮受消費税が仕訳される

KEY WORD

「仮受消費税」とは?

（税抜処理方式を採用している場合において）商品やサービスを提供した際に受け取った消費税を計上するための勘定科目。

税抜き価格 ＝ 売 上

消費税 ←ココの部分

売上があったときの処理③
元帳や補助簿に転記する

仕訳帳や伝票への記入が済んだら、取引の内容を元帳へ転記します。売掛金の管理は経理の重要な仕事の一つ。売掛金を取引先ごとにまとめた補助簿もつくって入金をチェックすれば、売掛金の未収を防げます。

仕訳帳から元帳への転記

仕訳帳をもとに、すべての取引を勘定科目ごとに元帳にまとめます。

098ページの取引を例にあげて、仕訳帳から元帳への転記を説明しましょう。

〔 仕訳帳 〕

	借方		貸方	
7/20	売掛金	55,000	売 上	55,000

〔 元帳〜売掛金 〕

日 付	摘 要	相手科目	借 方	貸 方	残 高
7月20日		売 上	55,000		55,000

〔 元帳〜売上 〕

日 付	摘 要	相手科目	借 方	貸 方	残 高
7月20日		売掛金		55,000	55,000

仕訳を行った際の相手方の勘定科目を記入。勘定科目が2つ以上あるときは「諸口（しょくち）」とします。

仕訳帳を見ながら、すべての取引を勘定科目ごとに元帳に書き写すことを転記というの！ 現金の取引では、先に現金出納帳への記入を済ませてから、仕訳帳や元帳に転記する場合もあるわ！

売掛金を取引先ごとにまとめる

　会社によっては、元帳のほかに補助簿を作成する場合があります。売掛金を取引先ごとにまとめた売掛金補助元帳もつくれば、取引の内容や回収状況をよりくわしく知ることができます。

[売掛金補助元帳]
B 商店

日　付	摘　要	相手科目	借　方	貸　方	残　高
7月16日	前月繰越		55,000		55,000
7月20日	Tシャツ 20 枚	売　上	55,000		110,000
8月12日	ジーンズ 6 本	売　上	33,000		143,000
8月15日	6/16～7/15の売掛金回収	預　金		55,000	88,000

前月からの繰り越しがあった場合は、借方と残高の欄に金額を記入。

残高を見れば、未回収の売掛金が一目瞭然。すべてが回収されると、残高はゼロになります。

取引先の締め日と入金日を把握する

締め日や入金日は、取引先によって異なります。一覧表をつくっておくと、入金の確認がスムーズです。

	締め日	入金日
A商会	月末	翌月末
B商店	15日	翌月15日
C商事	10日	翌々月10日
D商会	25日	翌月末

これで
バッチリ!

CHECK!

- ☐ 仕訳帳を見ながら、勘定科目ごとに元帳に転記する
- ☐ 売掛金を取引先ごとにまとめた補助簿（売掛金補助元帳）もつくる
- ☐ 各取引先の締め日と入金日を把握する

コミュニケーションを大切にした 経理担当者のちょっとした一言

入金や請求に関する場面での、経理担当者のちょっとした一言です。言いたいことははっきりと簡潔に述べるべきですが、言い方や表現を工夫すると、社内の人間関係はより円滑になります。

・取引先からの支払いが遅れているとき

営業担当者に 「A商事からの入金が1週間ほど遅れているようなので、先方にご確認いただけますか?」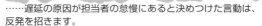

「入金は、先月末だとうかがっていたのですが……」

「もしかしたら、先方がお忘れなのかもしれませんね」

解説 営業担当者にたずねる際は、金額や支払約束日などを明確に告げます。いつどこで発生した売掛金であるかなども、聞かれたらすぐにこたえられるようにしましょう。

✕ 「約束を守ってもらわないと困るんですけど」

……遅延の原因が担当者の怠慢にあると決めつけた言動は、反発を招きます。

取引先の 経理担当者に 「行き違いでお振込みをいただいておりましたら、申しわけございません」

「8月分のご入金がまだのようなのですが、ご確認いただけますでしょうか?」

「こちらの手違いかもしれませんが、念のためご確認いただけますか?」

解説 取引先に問い合わせるときは、相手の非を攻め立てる口調にならないように注意します。1度目の催促は、クレームではなく、あくまでも確認という形をとります。

 ✕ 「入金の約束を忘れていませんか?」

……丁重な姿勢を忘れないようにしましょう。

●請求書の間違いを指摘するとき

営業担当者に 「請求書の合計金額が合わないので、もう一度ご確認いただけますか?」

「何度もチェックをしたのですが、単価と数量が合いません」

「私のやり方では金額が合わないので、計算のしかたを教えてもらえますか?」

解説 金額のチェックは、経理担当者の大事な役目です。

 「ここ! 計算が間違っていますよ」

……ミスをとがめたり、手柄をものにして喜んでいるかのような言動はつつしみます。

●納品書の作成を催促するとき

営業担当者に 「B商会の○日分の納品書ですが、本日発送したいので、11時までにご用意いただけますか?」

「いつまでにご用意いただけますか?」

「実は先方から催促されていまして……」

解説 ただ催促するよりも、具体的な期日を提示したほうが、こちらの切実さが伝わります。緊急の場合は、何よりも優先してほしい旨を伝えましょう。

●請求書の送付を催促するとき

取引先の経理担当者に 「○月×日の請求書のご発送はお済みでしょうか?」

「すでにご発送いただいていたら申しわけありませんが……」

「当社の締め日が近づいているので、早急にご手配いただけますでしょうか?」

解説 取引先に対する催促では、発送が遅れているという事実を指摘するのではなく、届いていないという状況を相手に訴えます。事情を説明するとよりていねいです。

「当社」「弊社」「御社」の使い分け

「当社」も「弊社」も自分の会社のことを呼ぶときの言葉です。一般的に、社内の人に対しては「当社」、取引先など外部の人に対しては「当社」または「弊社」を使います。反対に、相手の会社のことは「御社」と呼ぶことが多いようです。

仕入があったときの処理①

仕入を仕訳する

商品が届いたら、納品書と照らし合わせて、注文した内容に間違いがないかを確かめます。金額や数量が一致していたら、経理担当者は取引の内容を仕訳帳（または伝票）に記入。ただし、仕入を計上するタイミングは会社によって異なる場合もあります。

納品書の確認と検品・検収

　商品といっしょに送られてきた納品書と照らし合わせて、商品の内容や数量などを確認する作業を「検品」や「検収」といいます。

　仕訳帳や伝票に仕入を計上するタイミングは、会社によってさまざまです。自分の会社の基準がどうなっているのか、確認しておきましょう。

出荷基準

仕入先（売主）が商品を出荷したとき（発送したとき）

受取基準

注文した商品が届いたとき（受け取ったとき）

注文どおりの商品が届いているか、商品名や数量、単価などを確認します。

多くの会社では、検収基準を採用して会計処理しています。

検収基準

商品が到着し、検品・検収を済ませたとき

税込処理方式での仕入の仕訳

本体価格 50,000 円の商品を掛けで仕入
れ、消費税をふくめた販売価格 55,000 円
を「仕入」としたときの仕訳です。軽減税

> 「仕入」は費用グループの
> 勘定科目だから借方、「買掛
> 金」は負債グループだから貸
> 方に記入するんですね！

率の対象となる仕入については、062 ページのやりかたにならって、摘要欄に「※」
や「☆」などの目印を付けます。

	借方		貸方	
5/9	仕 入	55,000	買掛金	55,000

税抜処理方式での仕入の仕訳

検品が済んだら、取引の内容を仕訳帳または伝票に記入します。本体価格 50,000
円の商品を掛けで仕入れ、50,000 円の仕入と、5,000 円の消費税に分けて処理し
たときの仕訳は、次のとおりです。

	借方		貸方	
5/9	仕 入	50,000	買掛金	55,000
	仮払消費税	5,000		

KEY WORD

「仮払消費税」とは？

（税抜処理方式を採用している場合にお
いて）仕入の際に支払った消費税を計上す
るための勘定科目（資産グループ）。

↑ココの部分

CHECK!

☐ 仕訳帳や伝票に仕入を計上するタイ
ミングを確認しておく

☐ 商品が届いたら、納品書と照らし合
わせて検品（検収）する

☐ 税抜処理方式では、借方に仮払消費
税が仕訳される

仕入があったときの処理②
元帳や補助簿に転記する

仕訳帳や伝票への記入が済んだら、取引の内容を元帳へ転記し、取引先ごとに買掛金や仕入れたものをまとめた補助簿をつくります。会計ソフトを利用している場合、転記や補助簿は自動的に作成されますが、これらの解説を理解し基本的なしくみをおぼえておきましょう。

仕訳帳から元帳への転記

仕訳帳をもとに、すべての取引を勘定科目ごとに元帳にまとめます。

〔 仕訳帳 〕

	借方		貸方	
5/9	仕　入	55,000	買掛金	55,000

会計ソフトを利用すれば、取引の内容を入力するだけで、元帳が自動的に作成されるのよ。

〔 元帳～買掛金 〕

日付	摘要	相手科目	借方	貸方	残高
5月9日		仕　入		55,000	55,000

〔 元帳～仕入 〕

日付	摘要	相手科目	借方	貸方	残高
5月9日		買掛金	55,000		55,000

買掛金を取引先ごとにまとめる

会社によっては、元帳のほかに補助簿を作成する場合があります。買掛金を取引先ごとにまとめた買掛金補助元帳もつくれば、取引の内容や支払いの状況をよりくわしく知ることができます。

前月からの繰り越しがあった場合は、貸方と残高の欄に金額を記入。

【 買掛金補助元帳 】
A 商会

日　付	摘　要	相手科目	借　方	貸　方	残　高
5月1日	前月繰越			220,000	220,000
5月9日	扇風機 5 台	仕　入		55,000	275,000
5月15日	クーラー 3 台	仕　入		198,000	473,000
5月31日	4/1～4/30の買掛金支払い	預　金	220,000		253,000

残高を見れば、未払いの買掛金がすぐにわかります。すべての買掛金を支払い終えると、残高はゼロになります。

請求書が送られてきたら……

　後日、取引先から請求書が送られてきたら、納品書と照らし合わせて、内容や金額をもう一度確認。支払日までに指定の口座に入金を行います。カレンダーなどに支払予定日をメモし、支払いが済んだ請求書には「支払済」の印などを押しておくと、未払いや二重払いのミスを防ぐことができます。

　先の取引について、翌月末に銀行振込みで支払いを済ませたときの仕訳は、以下のとおりです。元帳や補助簿への転記も忘れずに行いましょう。

〔 仕訳帳 〕

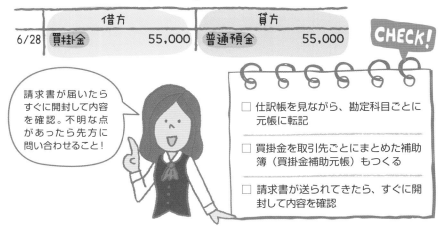

	借方		貸方	
6/28	買掛金	55,000	普通預金	55,000

CHECK!

請求書が届いたらすぐに開封して内容を確認。不明な点があったら先方に問い合わせること！

□ 仕訳帳を見ながら、勘定科目ごとに元帳に転記

□ 買掛金を取引先ごとにまとめた補助簿（買掛金補助元帳）もつくる

□ 請求書が送られてきたら、すぐに開封して内容を確認

印鑑の基礎知識

重要な書類に印鑑を押すのは、偽造や改ざんを防ぐため。役所に提出する書類や、現金や預金を扱う業務では、必要に応じて、いくつかの印鑑を使い分けます。ここでは、会社の運営や経理業務の基本となる、3種類の印鑑について説明しましょう。

代表者印

会社設立の際に法務局に登録した、会社の実印。「丸印」とも呼ばれます。重要な契約書や役所に提出する書類などで使用します。

社印・会社印

会社が発行する見積書、請求書、領収書などで使用する印鑑です。原則として社名の上に押印。四角い形をしているので「角印」とも呼ばれています。

銀行印・銀行届出印

金融機関との取引に使用する印鑑です。預金の払い戻しや、手形や小切手などの振り出しに使用します。代表者印を銀行届出印として代用する場合もあります。

その他の印

経理担当者は、社名と連絡先を記したゴム印なども使用します。印鑑としての役割ははたしませんが、請求書や領収書に社名や連絡先を記入する手間が省けます。

〒123-456
東京都○○区○○7-8
○○○商事株式会社
Tel:03-1234-5678 Fax:03-1234-8765

銀行届出印は、預金通帳と分けて金庫に保管するのが鉄則よ！

ADVICE

きれいに捺印するコツ

5〜6回ほど朱肉を軽くたたいてインクをつけ、用紙の下に印マットを敷いて、「の」の字を書くように印面全体に力を入れると、印鑑をきれいに押すことができます。捺印が済んだら、ティッシュペーパーなどでインクをふき取ってから保管。印面はやわらかいブラシなどを使って定期的に掃除しましょう。

PART

5

給料の計算と支給

基本給と各種手当

給料の計算と支給は、経理の大切な仕事。経理担当者は毎月、社員一人ひとりの勤務状況を検証して、基本給にさまざまな手当を加算します。給料日が近づいてきたら、昇給や昇格などの人事データをそろえて、給料計算の準備をしておきましょう。

給料計算の基本式

差引支給額（実際に社員に支払われる額）は、会社支給額と控除額の差額として求められます。

会社支給額（基本給＋各種手当） － 控除額（社会保険料＋税金） ＝ 差引支給額

会社支給額

控除額

差引支給額

差引支給額とは、社会保険料や税金が引かれた後の、いわゆる"手取り"のこと！

会社支給額を計算する

会社支給額とは、能力や勤続年数などによって決められた基本給に、時間外手当、役職手当、家族手当、住宅手当、通勤手当などの各種手当を合算したものです。

手当は、会社によって名目や額が異なり、原則的に毎月一定の額が支払われる固定的給料と、勤務の状況によって月ごとに変動する変動的給料に分類することができます（112ページ参照）。

（総支給額）**＝** 基 本 給 **＋** 各種手当

給与規程は、給料のルールブックで、給料計算のマニュアルのようなものなの。

会社支給額

基本給

各種手当
・時間外手当
・役職手当
・家族手当
・住宅手当
・通勤手当
　　　　など

KEY WORD

「給与規程」とは？
基本給や各種手当の計算方法、支払いのルール、昇給などについてまとめたもの。一般的には会社の労働条件などを定めた「就業規則」の中に書かれている。

【固定的給料】

　人事データをもとに支給する給料です。原則的に、勤務時間や営業成績などによって変動することなく、毎月一定額が支給されます。

　昇格や降格、異動、家族の増減、転居などによって支給額が修正されることがあります。

いろいろな種類の「手当」があるんですね...

□ **基本給**（きほんきゅう）
年齢や勤続年数、職種、技能などを基準に決められる基本賃金

□ **役職手当**（やくしょくてあて）
主任職や管理職など、一定の役職についている従業員に支給される手当

□ **資格手当**（しかくてあて）
特殊技能の免許や高度資格など、資格を所有する従業員に支給される手当

□ **家族手当**（かぞくてあて）
家族を扶養する従業員に支給される手当。「扶養手当」ともいう

□ **住宅手当**（じゅうたくてあて）
家賃補助や住宅ローン返済の補助など、住宅に関する手当。「住居手当」ともいう

□ **通勤手当**（つうきんてあて）
電車やバスの定期券代など、通勤費として支給される手当。月額10万円までは所得税が非課税対象となる

基本給は、昇給や賞与、退職金などを計算するときのベースにもなるのよ。

【 変動的給料 】

　タイムカードなどの勤怠データをもとに支給する給料です。残業や休日出勤があった場合はその手当を加算し、欠勤や遅刻、早退があった場合はそれによる控除が発生するかどうかを確認します。

　また、営業成績などに応じて支給される出来高給（歩合給）やインセンティブ（奨励金や報奨金）もここにふくまれます。

□ **時間外労働手当**（じかんがいろうどうてあて）
　残業したときの手当。法律で決められた労働時間を超えた場合、2割5分以上の割増賃金となる。「残業手当」「超過勤務手当」ともいう

□ **休日労働手当**（きゅうじつろうどうてあて）
　休日労働したときの手当。法律で決められた法定休日に労働した場合、3割5分以上の割増賃金となる

□ **深夜労働手当**（しんやろうどうてあて）
　深夜労働をしたときの手当。原則午後10時から午前5時までの間に労働した場合、2割5分以上の割増賃金となる

□ **精皆勤手当**（せいかいきんてあて）
　一定期間、欠勤しなかった従業員に支給される手当

□ **歩合給**（ぶあいきゅう）
　出来高や営業成績などに応じて支給される給料

残業（時間外労働）や休日出勤などは、出勤簿やタイムカードを見て確認してね！

はいっ！

出勤簿

休日＋深夜、時間外＋深夜の割増賃金は？

休日労働が深夜におよぶ場合は6割以上、残業が深夜におよぶ場合は5割以上の割増賃金となります。ただし、休日に残業した場合は、休日自体が時間外労働なので、休日労働手当だけの割増賃金しか認められません。

CHECK!

□ 会社支給額と控除額の差額が、実際に支払われる手取りの給料

□ 基本給に各種手当を加算して、会社支給額を求める

□ 給料の計算方法や支払ルールは、会社の給与規程に定められている

給料計算②

天引きされる控除額

会社支給額が決定したら、社会保険料や税金などの控除額を引いて、差引支給額を求めます。法律によって天引きされる健康保険や厚生年金保険といった社会保険料、所得税や住民税などの税金を「法定控除」といいます。

控除額を計算する

なるほど

控除額とは、健康保険、厚生年金保険、雇用保険、介護保険などの社会保険料と、所得税や住民税などの税金を合計したものです。

会社は給料などを支払うときに、これらの控除額を天引きし、社員にかわって各官庁や団体に納付します。

また、社会保険料や税金以外にも、労働組合費、寮・社宅費などが給料から引かれる場合があるので、自分の会社のルールを確認しておきましょう。

控 除 額 ＝ 社会保険料 ＋ 税 金

税金や社会保険料など、法律で定められている給料からの天引きを「法定控除」というのよ。

KEY WORD

「天引き」とは？

給料を支払ったりするときに、会社が社会保険や税金などをあらかじめ差し引くこと。毎月の給料から天引きされる「源泉徴収」については118ページでくわしく説明します。

【 社会保険料 】

- ☐ **健康保険料** (けんこうほけんりょう)
  年金事務所や健康保険組合に納付する保険料。原則として会社と従業員が折半で負担
- ☐ **厚生年金保険料** (こうせいねんきんほけんりょう)
  年金事務所に納付する各種年金（老齢・障害・遺族）。原則として会社と従業員が折半で負担
- ☐ **雇用保険料** (こようほけんりょう)
  失業手当や職業訓練などの費用。
  会社と従業員の双方が決められた割合を負担し、労働基準監督署に納付する
- ☐ **介護保険料** (かいごほけんりょう)
  40歳以上の従業員に課せられる保険料。原則として会社と従業員が折半で負担。
  健康保険組合が健康保険料といっしょに徴収する

【 税金 】

- ☐ **所得税** (しょとくぜい)
  その年の1月1日〜12月31日に得た、所得に対して課税される税金。国の財政の歳入となる
- ☐ **住民税** (じゅうみんぜい)
  受給者が住んでいる都道府県と市区町村に納める、2つの地方税（道府県民税＋市町村民税）を合
  計したもの。都道府県や市区町村の歳入となる。前年の所得をもとに地方自治体が計算する

【 その他の控除 】

労働組合費、寮・社宅費、社員食堂利用
費、団体生命保険料、団体損害保険料、
財形貯蓄、共済会費、持株会出資金、社
員旅行積立金など

会社が独自に決め
た法定控除以外の
天引きは、労使協
定や従業員の了解
が必要よ。

CHECK!

- ☐ 法定控除とは、法律によって天引き
  される社会保険料と税金
- ☐ 社会保険料には、健康保険、厚生年
  金保険、雇用保険、介護保険などが
  ある
- ☐ 税金には、国に納める所得税と、地
  方自治体に納める住民税がある

給料明細書を作成する

会社支給額と控除額を計算したら、給料明細書を作成します。給料明細書には、会社支給額と控除額の内訳と合計、そして実際に支払われる差引支給額が明記されています。経理担当者は、給料日までにこの差引支給額を社員の口座に振り込み、その前後に給料明細書を渡します。

給料明細書の見方

毎月の給料の支払いに際して、会社は従業員に、給料の明細を記入した給料明細書を渡します。給料明細書を見れば、給料計算がどのように行われたのかがわかります。

給料計算ソフトを使用した場合は、基本給や各種手当、各月の勤怠データを入力するだけで、社会保険料や税金が自動計算され、給料明細書が完成するの。

基本給・役職手当・家族手当・住宅手当・通勤手当

昇格や降格、家族の増減、転居、異動などがあった場合は、支給額がかわることがあります。人事データをチェックして、固定的給料に変動がないかを確認しましょう。

所得税

会社支給額から社会保険料、通勤手当の非課税分を差し引いた額を、国税庁が定めた源泉徴収税額表というものに照らし合わせて計算します。給料から差し引かれる所得税は、源泉所得税ともいいます。

住民税

会社が提出した前年の給与支払報告書（119ページ参照）に基づいて、各市区町村が計算します。

控除額の合計

最新の法令に基づいて社会保険料や税金などの法定控除を計算します。その他の控除と合わせて、控除額の合計を出します。

給料明細書

(年 月 日)

殿

労働日数	自 月 日 至 月 日	日
労働時間数		時 分
残業時間数		時 分

支給額	基 本 給				
	時間外手当				
	役 職 手 当				
	家 族 手 当				
	住 宅 手 当				
	通 勤 手 当				
	合 計				
控除額	健康保険料				
	介護保険料				
	厚生年金保険料				
	雇用保険料				
	所 得 税				
	住 民 税				
	前 払 金				
	合 計				
	差引支給額				

（事業所名）

係
印

法律によって一定期間保存することが義務づけられているんだって。

労働日数・労働時間数・残業時間数

タイムカードや出勤簿などを見て集計します。欠勤や遅刻、早退があった場合はそれによる控除が発生するかどうかを確認します。

健康保険料・厚生年金保険料

年金事務所から送られてくる標準報酬月額というものに基づいて計算します。

差引支給額を計算

会社支給額から控除額を引いて、差引支給額を算出します。

CHECK!

- ☐ 毎月の給料の支払いとともに、給料明細書を渡す
- ☐ すべての従業員について賃金台帳を作成しなければならない
- ☐ 給料計算ソフトを使用すれば、必要最低限の入力で給料明細書が完成

KEY WORD

「賃金台帳」とは？

従業員一人ひとりの賃金に関する情報を記載した帳簿です。労働基準法に基づいて、労働日数、労働時間数、時間外労働時間数、休日労働時間数、深夜労働時間数、基本給、各種手当などがまとめられています。

給料計算④
税金と社会保険料を納める

税金と社会保険料の算出も、給料計算の大切な仕事です。毎月の給料から天引きされる所得税は翌月10日までに納付され、年末に再計算して差額を調整。社会保険料については、毎月の給料から従業員負担分を一時的に預り、会社負担分を合わせて翌月末に納付します。

所得税の源泉徴収と年末調整

　毎月の給料やボーナスから所得税を天引きし、会社が本人にかわって税務署に納めることを源泉徴収といいます。

　ただし、月々の給料からの天引きされる所得税額は、毎月の給料をもとに概算される"見込み"のもの。最終的な所得税額は1年間（1月〜12月）の所得に応じて決まるので、1年間の所得が確定する年末（12月の最終支払日）に正しい所得税額を再計算して、すでに支払った源泉所得税額との差額を調整します。このような手続きを年末調整といいます。

　なお、給料を支払うときに源泉徴収する所得税額は、国税庁が定めた「給与所得の源泉徴収税額表」を使って算出します。

源泉徴収される所得税額は、毎月の給料をもとにした概算。給料が上がったり、扶養家族が増えたりすると、所得税額がかわって差額が生じます。

UP!
給料
家族が増えた

ADVICE
源泉所得税の特例納期
源泉所得税は翌月の10日に納付しますが、給料の支払いを受ける人が常時9人以下の会社は、半年分をまとめて納めることができます。その場合、税務署に届出を行うことにより、1月〜6月の源泉所得税は7月10日、7月〜12月の源泉所得税は1月20日が納付期日になります。

サラリーマンは原則、確定申告が不要

　所得税は申告納税方式が原則です。税金に関する申告手続きを確定申告といいます。

　ただし、一般の会社員の場合は、会社が毎月行う源泉徴収と、年末に行う年末調整によって所得税額が確定するので、確定申告をする必要はありません（年収が2,000万円を超える人や、年末調整で精算できない医療費控除などの適用を受ける人などはのぞきます）。

住民税の特別徴収

　毎月の給料から住民税を天引きし、会社が本人にかわって各自治体に納めることを特別徴収といいます。

　住民税額は、会社が提出した前年の給与支払報告書に基づいて、各市区町村が計算。経理担当者は、送られてきた特別徴収税額決定通知書にしたがって、毎月の給料から天引きします。

住民税は各自治体から送られてきた納入書にしたがって、翌月の10日までに納付するんだ。

本人

会社

市区町村

社会保険料の納付と計算

　毎月の給料や賞与から従業員負担分の社会保険料を一時的に預り、会社負担分を合わせて翌月末までに各官庁や団体に納付します。

【 健康保険料・介護保険料・厚生年金保険料 】

　従業員が負担する保険料の納付額は、標準報酬月額（賞与の場合は標準賞与額）に各保険料率をかけて計算します。

　標準報酬月額とは、社会保険の保険料や給付額を計算しやすくするための算定基準で、厚生年金保険の場合は給料の額によって32段階、健康保険の場合は50段階に区分されています。

納付額　＝　標準報酬月額（または標準賞与額）　×　各保険料率

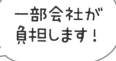

一部会社が負担します！

【 雇用保険料 】

従業員が負担する雇用保険料の納付額は、1か月の総支給額（非課税の通勤手当をふくむ）に雇用保険料率をかけて計算します。

なお、雇用保険料と労災保険料（会社が全額負担）を合わせた労働保険料は、年3回に分けて都道府県労働局などに納付されます。

従業員と家族を守ります

納付額 ＝ 1か月の総支給額（通勤手当をふくむ） × 雇用保険料率

どちらも会社が一部負担するのよ。

CHECK!

☐ 毎月の給料から所得税を天引きし、会社が本人にかわって納付する（源泉徴収）

☐ 毎月の給料から住民税を天引きし、会社が本人にかわって納付する（特別徴収）

☐ 社会保険料は、会社が従業員負担分に会社負担分を合わせて納付する

Column

年末調整の計算

前述したとおり、年末調整とは、すでに支払った源泉所得税額と、年末に確定した所得税額の差額を調整する大事な手続きです。最新の法令改正を反映した"年末調整のしかた"は、国税庁作成のパンフレットなどで説明されているので参考にしてください。

年末調整の計算①　給与所得を計算する

年末調整では、課税対象額となる給与所得を集計してから、本来納めるべき所得税額を計算します。

給与所得 ＝ **1年間の会社支給額** ー **控除額**（給与所得控除＋各種控除）

各種控除は、法令の改正によってかわる可能性があるので、国税庁のパンフレットなどを参考にしてね!

源泉徴収される前の金額です。賃金台帳を見れば、1年間に会社が支払った給料や賞与がわかります。

給与所得控除（会社員が仕事をするのに必要な経費）や、扶養控除・配偶者控除・社会保険料控除・生命保険料控除などの各種控除を適用して、控除額を算出します。

年末調整の計算②　所得税額を確定する

給与所得を計算したら、「所得税の速算表」と照らし合わせて、本来納めるべき所得税額を確定します。

[所得税の速算表]

課税される所得金額	税率	控除額
195 万円以下	5%	0 円
195 万円超、330 万円以下	10%	97,500 円
330 万円超、695 万円以下	20%	427,500 円
695 万円超、900 万円以下	23%	636,000 円
900 万円超、1,800 万円以下	33%	1,536,000 円
1,800 万円超、4,000 万円以下	40%	2,796,000 円
4,000 万円超	45%	4,796,000 円

例) 給与所得（課税される所得金額）が200万円の場合

2,000,000 円　×　0.10　ー　97,500 円　＝　102,500 円

例) 給与所得（課税される所得金額）が195万円の場合

1,950,000 円　×　0.05　＝　97,500 円

※2037年までは、さらに復興特別所得税の納付が必要になります。

年末調整の計算③　差額を調整する

所得税額が確定したら、月々の給料からの天引きされた所得税額との差額を計算して、12月分の給料で調整します。精算の内訳は、12月の給料明細書に明記します。

支払超過の場合 ---→本人に還付する

月々の給料からの天引きされた所得税額 ＞ 年末に確定した正しい所得税額

支払不足の場合 ---→本人から追加徴収する

月々の給料からの天引きされた所得税額 ＜ 年末に確定した正しい所得税額

年末調整の計算④　源泉徴収票を作成する

差額の調整が済んだら、社員一人ひとりについて給与支払報告書と源泉徴収票を作成します。

給与支払報告書は、従業員が居住している自治体（市区町村）に2通提出。源泉徴収票は、原則として本人と税務署に1通ずつ提出します。

源泉徴収票と給与支払報告書の提出期限は1月31日!

源泉徴収票

給与支払報告書

住民税は、自治体（市区町村）が給与支払報告書に基づいて課税するのよ。

CHECK!

☐ 給与所得とは、課税される所得金額のこと

☐ 「所得税の速算表」と照らし合わせて、所得税額を確定する

☐ 差額は、12月分の給料で調整する

給料計算⑤
給料を仕訳する

社員に対する給料や賞与の支給も取引なので、他の取引と同じように仕訳をしなければなりません。ここでは給料に関する仕訳を、給料計算日、給料支給日、社会保険料と所得税の納付日の3回に分けたケースについて説明しましょう。

給料の仕訳の基本① 会社支給額＝「給与」

110ページで述べたように、社員の給料はその全額が支給されるわけではありません。"手取り"として実際に支払われるのは、税金や社会保険料を差し引いた差引支給額。仕訳では、会社支給額は「給与」という勘定科目で借方に記入します。

「給与」として仕訳されるのは、税金や社会保険料が差し引かれる前の給料の総額。手取り額じゃないので要注意！

給料の仕訳の基本② 控除額＝「預り金」

控除額、つまり給料から差し引かれた額は「預り金」として処理し、会社が社員にかわって税務署や年金事務所などに納付することになります。

社員にかわって納付します

「預り金」の具体的内容は、健康保険や厚生年金などの社会保険料、所得税や住民税といった税金なの。

KEY WORD

「給与」とは？

雇用契約における労働の対価。一般的には「給料」、労働基準法では「賃金」、所得税法では「給与」、健康保険法・厚生年金保険法では「報酬」などと呼ばれています。簿記では、正規社員に対して支給されるものは「給与」、役員に対して支給されるものは「役員報酬」、アルバイトやパートなどの非正規社員に対して支給されるものは「雑給」という勘定科目で仕訳されるのが一般的です。

1回目の仕訳 ～給料計算日

この取引では、「200,000円の給料が計上された」という事実と、「144,000円の差引支給額が決定し、20,000円の社会保険料、20,000円の所得税、16,000円の住民税を会社が徴収した」という理由が、それぞれ「給与」「未払金」「預り金」という勘定科目で仕訳されています。

	借方	貸方	
9/15	給与 (会社支給額) 200,000	未払金 (差引支給額)	144,000
		預り金 (社会保険料)	20,000
		預り金 (所得税)	20,000
		預り金 (住民税)	16,000

「給与」は費用グループの勘定科目なので、発生したら借方に記入。ボーナスの場合は「賞与」となります。

この時点ではまだ給料が支払われていない差引支給額は「未払金」として、社会保険料、所得税、住民税といった控除額は「預り金」として貸方に仕訳されます。

控除額が「預り金」となるのは、税務署などに支払うまで、会社が一時的に預っているからです。

2回目の仕訳 ～給料支給日

給料日に、144,000円の支給額を社員の銀行口座に振り込んだときの仕訳です。

この取引では、「144,000円の普通預金が減った」という事実と、「144,000円の未払金が支払われた」という理由が、それぞれ「普通預金」「未払金」という勘定科目で仕訳されます。

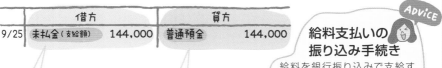

	借方	貸方	
9/25	未払金 (支給額) 144,000	普通預金	144,000

「未払金」は負債グループの勘定科目です。144,000円の未払金がなくなったので、借方に記入。

「普通預金」は資産グループの勘定科目。144,000円の普通預金が減ったので、貸方に記入。

ADVICE

給料支払いの振り込み手続き

給料を銀行振り込みで支給する場合は、銀行に用意された銀行振込依頼書に必要事項を記入し、給料日の入金に間に合うように銀行の窓口に持参します（ネットバンクを利用するのも一般的です）。

給料の計算と支給

5

給料計算⑤ **給料を仕訳する**

3回目の仕訳 ～社会保険料と税金の納付日

　社員の給料から天引きしていた社員負担分の社会保険料、会社が負担する社会保険料、各種税金を各官庁や団体に納付したときの仕訳です。

　この取引では、「合計76,000円の普通預金が減った」という事実と、「20,000円の所得税、16,000円の住民税、40,000円の社会保険料（社員負担分20,000円と会社負担分20,000円）を納めた」という理由が、それぞれ「普通預金」「預り金」「法定福利費」という勘定科目で仕訳されています。

> 社会保険料は翌月末、所得税と住民税は翌月の10日までに納付します。

	借方		貸方	
9/10	預り金(所得税)	20,000	普通預金	36,000
	預り金(住民税)	16,000		
9/30	預り金(社会保険料)	20,000	普通預金	40,000
	法定福利費	20,000		

> 普通預金から引き落としたので、貸方の勘定科目は「普通預金」です。現金で納めた場合は「現金」となります。

> 「預り金」という負債がなくなったので、今度は借方に記入されるんですね！

> 会社が負担する社会保険料は「法定福利費」という勘定科目で仕訳するのよ。

CHECK!

- □ 会社支給額は「給与」として借方に記入する
- □ 天引きされた社会保険料や税金は「預り金」として処理する
- □ 給料計算日、給料支給日、社会保険料と所得税の納付日に、仕訳を行う

決算書作成までの流れ

試算表を作成する

試算表の作成は、決算手続きで最初に行う作業です。会計ソフトの利用が普及した現在では、試算表は自動的に作成されるのが一般的です。すべての勘定科目の合計額と残高が一覧でまとまっている試算表を見れば、会社の経営状態もチェックできます。

元帳から試算表をつくる

試算表は、元帳をもとに作成します。

各勘定科目の合計額を借方と貸方で集計したものを「合計試算表」、各勘定科目の残高を表したものを「残高試算表」、その両方を合わせて一覧にまとめたものを「合計残高試算表」といいます。

〔元帳〕

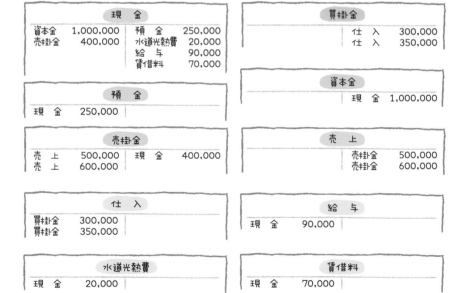

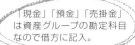
「現金」「預金」「売掛金」は資産グループの勘定科目なので借方に記入。

〔合計残高試算表〕

合計残高試算表
令和〇年 3 月 31 日

借方残高	借方合計	勘定科目	貸方合計	貸方残高
970,000	1,400,000	現　金	430,000	
250,000	250,000	預　金		
700,000	1,100,000	売掛金	400,000	
		買掛金	650,000	650,000
		資本金	1,000,000	1,000,000
		売　上	1,100,000	1,100,000
650,000	650,000	仕　入		
20,000	20,000	水道光熱費		
90,000	90,000	給　与		
70,000	70,000	賃借料		
2,750,000	3,580,000		3,580,000	2,750,000

資産と費用のグループの残高は借方に、負債、純資産、収益のグループの残高は貸方に記入します。

会計ソフトが自動的に転記してくれるので、試算表は自動的に作成されるのよ。

CHECK!

☐ 元帳をもとに試算表を作成する

☐ 合計残高試算表は、各勘定科目の借方と貸方の合計、残高をまとめた一覧表

棚卸と売上原価の計算

棚卸（たなおろし）とは、決算などの際に、商品・製品・原材料などの在庫の数量を調べ、帳簿上にある在庫の数量と一致するかを確認する作業です。棚卸によって在庫を確認したら、期末商品棚卸高を確定して、売上原価の計算を行います。

実地棚卸とは？

　本来は帳簿の数字と実際の在庫の数量は同じはずですが、盗難や紛失、記帳ミスなどの原因により一致しないことがあります。

　そのため、決算では、棚卸をして在庫の数量を調べ、帳簿上の数字と合っているかを確認します。なお、倉庫や店舗などの現場で棚卸資産をチェックすることから、棚卸は実地棚卸とも呼ばれています。

実地棚卸では、棚卸明細表に品番や品名、数量、単価などを記入。後で帳簿の数字と突き合わせを行うのよ。

棚卸明細表

平成〇年 3 月 31 日現在

品名・品番	数　量	単　価	単　位	金　額	備　考

売上原価の確定

棚卸によって在庫を確認したら、売上原価の計算を行います。

売上原価とは、売上高に対する商品の仕入原価のこと。期首の在庫が60,000円、当期の仕入が80,000円、期末時点での在庫が40,000円あった場合、売上原価は次の計算で求めることができます。

$$\boxed{\substack{\text{期首商品棚卸高}\\60,000円}} \ + \ \boxed{\substack{\text{当期商品仕入高}\\80,000円}} \ - \ \boxed{\substack{\text{期末商品棚卸高}\\40,000円}} \ = \ \boxed{\substack{\text{売上原価}\\100,000円}}$$

売上原価を求めたら、次に**売上総利益（粗利益）**を計算してみましょう。売上高が130,000円の場合、売上総利益は次の計算式で求めることができます。

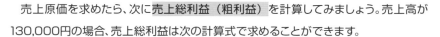

売　上　高 130,000円	−	売　上　原　価 100,000円	=	売上総利益 30,000円

売上原価を計算するための仕訳

決算時に売上原価を求めたら、以下のような仕訳を行います。ちょっと難解に思うかもしれませんが、最初のうちは、あまり深く考えずに、仕訳が必要だということだけを頭に入れておいてください。

	借方		貸方	
仕　　入	60,000	繰越商品	60,000
繰越商品	40,000	仕　　入	40,000

決算時、当期の期首商品棚卸高60,000円は、「繰越商品」（資産グループ）という勘定科目で貸方に計上されています。まずはこれを「仕入」という勘定科目に振り替えて借方に記入し、繰越商品をゼロにします。

期末商品棚卸高40,000円を「繰越商品」として借方に記入。この金額が次期の期首商品棚卸高になって繰り越されます。さらに、売上原価を計算するために「仕入」を貸方に記入します。

商品を仕入れてないのに、なんで仕入が増えたり減ったりするんですか？

仕入の勘定科目を用いるのは、売上原価を計算するための技術的な処理なのよ。

CHECK!

□ 在庫の数量を調べ、帳簿上の数字と合っているかを確認する

□ 在庫を確認したら、期末商品棚卸高を確定して売上原価を計算する

□ 売上原価を計算したら、「繰越商品」という勘定科目を使って仕訳を行う

決算書作成までの流れ

6

決算のしくみ②　**棚卸と売上原価の計算**

決算のしくみ③
期をまたぐ費用・収益

決算は当期のものを行うため、すでに記入されている支出や収入を次期の会計期間に入れて処理したり、決算期以降に予定されている支出や収入を、当期の会計期間に入れて計上する必要があります。

ONE POINT コーチ ## 会計期間とは？

会計期間とは、決算書を作成する対象となる期間のこと。会計期間の始まりを期首、終わりを期末（決算日）といいます。

多くの会社では、4月から翌年3月までの1年間を1会計期間としているの（3月期決算）。会社によっては、1月から12月までの1年間を1会計期間とする12月期決算などもあるわ。

例）3月期決算の場合

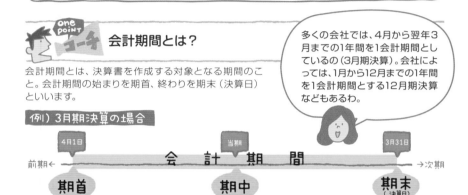

「前払費用」の処理

当期に支払ったものの翌期以降の費用とすべきものは、前払費用という勘定科目で仕訳します。

例）3月期決算の会社が、4月分の家賃を3月に支払った場合

[決算時の仕訳]

	借方		貸方	
3/31	前払費用	90,000	賃借料	90,000

決算に際し、「賃借料」を費用からのぞき、「前払費用」を試算として次期の費用にする処理をします。

[期首の仕訳]

	借方		貸方	
4/1	賃借料	90,000	前払費用	90,000

次期の期首になったら、賃借料を費用に計上します。

「未払金」の処理

期をまたいで翌月以降に支払うものを、当期の決算に組み込む場合は、未払金という勘定科目で仕訳します。

 例) 翌月支払いになっている電話代の仕訳

〔 決算時の仕訳 〕

	借方		貸方	
3/31	通信費	20,000	未払金	20,000

> 決算に際し、「通信費」を費用として計上。負債として「未払金」を貸方に仕訳します。

> 実際に支払ったら、「未払金」を借方に仕訳してゼロにします。

〔 支払い時の仕訳 〕

	借方		貸方	
4/10	未払金	20,000	普通預金	20,000

勘定科目	当 期	次 期
前払費用 (資産グループ)	支払い済 →	計 上
未払金 (負債グループ)	計 上 ←	支払い未
前受収益 (負債グループ)	入金済 →	計 上
未収入金 (資産グループ)	計 上 ←	入金未

> 支払いを行っていない債務で金額が確定しているものは、「未払金」として処理するのよ。

「前受収益」の処理

次期の収益を、当期に受け取った場合は、前受収益という勘定科目で仕訳します。

例) 3月期決算の会社が、4月分の家賃を3月に受け取った場合

〔 決算時の仕訳 〕

	借方		貸方	
3/31	受取賃貸料	80,000	前受収益	80,000

> 決算に際し、当期分ではない「受取賃貸料」を収益からのぞき、「前受収益」を負債として次期の収益にする処理をします。

〔 期首の仕訳 〕

	借方		貸方	
4/1	前受収益	80,000	受取賃貸料	80,000

> 次期の期首になったら、「受取賃貸料」を収益に計上します。

> 次期の期首になったら忘れずに計上しましょう。

「未収入金」の処理

　期をまたいで翌月以降に入金があるものを当期の決算に組み込む場合は、未収入金という勘定科目で仕訳します。

例) 翌月支払いになっている家賃収入の仕訳

〔 決算時の仕訳 〕

	借方		貸方	
3/31	未収入金	75,000	受取賃貸料	75,000

決算に際し、「受取賃貸料」を収益として計上。資産として「未収入金」を借方に仕訳します。

〔 入金時の仕訳 〕

	借方		貸方	
4/10	普通預金	75,000	未収入金	75,000

実際に受け取ったら、「未収入金」を貸方に仕訳します。

費用や経費がすでに終わったものなのか、これから先に発生するものなのかを見極めて仕訳しましょう。

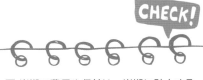

CHECK!

□ 当期の費用や収益は、当期に計上する

□ 次期の費用や収益は、当期からのぞく

□ 「前払費用」「前受収益」「未払金」「未収入金」という勘定科目を用いる

固定資産の減価償却費

減価償却とは、使うほどに価値が下がっていく固定資産（土地をのぞく）について、使用可能な期間を想定して、帳簿上の価値も少しずつ減らしていく手続きのことです。期末になったら減価償却費を費用として計上し、貸借対照表に資産として記入します。

減価償却費の計算方法

減価償却費の計算方法には、定額法と定率法があります。

定額法では毎年一定額の減価償却費を計上し、定率法では固定資産の残額に毎年一定の償却率をかけます。

例）コピー機（耐用年数5年）を20万円で購入した場合

定額法

取得価額 200,000円	÷	耐用年数 5年	＝	1年間の減価償却費 40,000円

1年目　壱万円
2年目　壱万円
3年目　壱万円

毎年一定の金額で計上

KEY WORD

耐用年数

その資産が使用できると見積もった期間のこと。鉄筋鉄骨コンクリートの事務所は50年、普通自動車は6年、コピー機は5年、パソコンは4年などと、税法で一律に決められています。

耐用年数とは、分割年数のこと。モノの物理的な寿命じゃないから注意してね！

定率法

帳簿価額 (取得価額−償却累計額)	×	定率法償却率	=	1年間の減価償却費

1年目	200,000円	×	0.400	=	80,000円
2年目	(200,000円−80,000円)	×	0.400	=	48,000円
3年目	(200,000円−128,000円)	×	0.400	=	28,800円

残額に毎年一定の償却率をかけて計上

定額法では価値が毎年均等に目減りするけれど、定率法では減価償却が進むごとにだんだん小さくなっていくんですね。

固定資産として認められるのは、使用可能期間（耐用年数）が1年以上で、取得価額が10万円以上のもの。使用可能期間が1年未満のものや、取得価額が10万円未満のものは、消耗品費として処理されるから注意してね。

CHECK!

☐ 建物や車などの固定資産は、減価償却を行ってその価値を下げていく

☐ 定額法では、毎年一定の額が減価償却費として計上される

☐ 定率法では、初年度の費用がもっとも多く、次年度以降は徐々に減っていく

固定資産台帳とは？

固定資産（会社を経営するために継続的に使用する財産）を管理する際は、固定資産台帳という帳簿を使用。決算では、実際にある資産と、帳簿上の資産が合っているかを確認します。

※減価償却の償却率は国税庁ホームページをご覧ください。

決算書作成までの流れ

6 決算のしくみ④ 固定資産の減価償却費

減価償却費を仕訳する

減価償却の意味を理解したら、直接法と間接法という2つの方法で、減価償却費を仕訳してみましょう。ここで登場する勘定科目は「減価償却費」と「減価償却累計額」。決算に欠かせない重要な作業なので、しっかり頭に入れておきましょう。

減価償却費の仕訳① 直接法

減価償却費という費用グループの勘定科目を使って、当期の減価償却費を借方に記入。帳簿上の価値を減らしたい資産グループの勘定科目を貸方に記入する方法です。

たとえば、パソコンに関して50,000円の減価償却費を計上した場合の初年度の仕訳は、次のとおりです。この取引では、「50,000円の減価償却費が発生した」という事実と、「50,000円の資産価値が減った」という理由が説明されています。

	借方		貸方	
3/31	減価償却費	50,000	備 品	50,000

固定資産の勘定科目を記入します。車の場合は「車両運搬具」、事務所や店舗の場合は「建物」という勘定科目を使用。直接法では、この金額が帳簿価額になります。

なるほど。直接法では、固定資産の金額が直接減少するんですね。

減価償却費の仕訳② 間接法

減価償却費という費用グループの勘定科目を使って、当期の減価償却費を借方に記入。貸方には資産グループの減価償却累計額を記入します。

この取引では、「50,000円の減価償却費が発生した」という事実と、「マイナスの資産として50,000円の減価償却累計額が生じた」という理由が説明されています。

〔 初年度の決算 〕

	借方		貸方	
3/31	減価償却費	50,000	減価償却累計額	50,000

> 毎期の減価償却費は、減価償却累計額に加算されていきます。固定資産の勘定科目は取得価額のまま維持されます。

〔 次年度の決算 〕

	借方		貸方	
3/31	減価償却費	100,000	減価償却累計額	100,000

> 次年度の償却額になります。

「帳簿価額（未償却残高）」は、取得価額から減価償却累計額を引いた金額よ！

固定資産を売却したとき

　固定資産を売却したら、売却した資産の勘定科目とその帳簿価額（取得価額－減価償却累計額）、さらに売却額と帳簿価額の差額を 固定資産売却益 （収益のグループ）という勘定科目で貸方に記入します。

　帳簿価額400,000円の営業用トラックを500,000円で売却し、代金を現金で受け取ったときの仕訳を、直接法で見ていきましょう。

 売却価額 ＞ 帳簿価額 の場合

	借方		貸方	
12/20	現　金	500,000	車両運搬具	400,000
			固定資産売却益	100,000

 売却価額 ＜ 帳簿価額 の場合

　同じ営業用トラックを300,000円で売却したときは、次のような仕訳になります。

	借方		貸方	
12/20	現　金	300,000	車両運搬具	400,000
	固定資産売却損	100,000		

> 売却価額が帳簿価額を下回るときは、「固定資産売却損」（費用のグループ）として借方に記入します。

同じ取引を間接法で仕訳すると以下のようになります。

 売却価額 > **帳簿価額** の場合

	借方		貸方	
12/20	現　金	500,000	車両運搬具	600,000
	減価償却累計額	200,000	固定資産売却益	100,000

 売却価額 < **帳簿価額** の場合

	借方		貸方	
12/20	現　金	300,000	車両運搬具	600,000
	減価償却累計額	200,000		
	固定資産売却損	100,000		

間接法では、「車両運搬具」の金額が取得価額になるの。帳簿価額は、この取得価額から減価償却累計額を引くことで求められるわ。

 CHECK!

- □ 直接法では、帳簿価額から直接、減価償却費を減らしていく

- □ 間接法では、価値の減少分を減価償却累計額というマイナスの資産の勘定科目に足す

- □ 固定資産を売却して利益が出たら固定資産売却益、損が出たら固定資産売却損

決算のしくみ⑥
決算書を作成する

期末になったら、損益計算書や貸借対照表を作成して、1年間の経営成績や財政状況をまとめます。そのために必要な一連の手続きを「決算」といいます。ここでは、勘定科目をグループごとにまとめた期末残高と、損益計算書、貸借対照表との関係を説明します。

貸借対照表と損益計算書をつくる

試算表をまとめたら、決算書をつくります（パソコンの会計ソフトを使って作成する会社がほとんどです）。

決算書は「財務諸表」とも呼ばれ、おもに1年間の経営成績を示した損益計算書と、期末時点での財政状況を表す貸借対照表から成り立っています。

決算は、024ページで説明したルールにしたがって、勘定科目を5つのグループに分類することからはじまります。

〔各グループの期末残高〕

[資産]
1,000,000

試算表に記載されたすべての勘定科目の残高を、グループごとに集計します。

[負債]
300,000

[費用]
400,000

[純資産]
700,000
このうち当期純利益は
100,000

[収益]
500,000

> 借方と貸方の差額を計算。費用＜収益の場合は「当期純利益」として借方に、費用＞収益の場合は「当期純損失」として貸方に記入します。

> 損益計算書を見れば、会社が1年間でどれくらいの利益を得たかがわかるわ。

損益計算書

費用	400,000	収益	500,000
当期純利益	100,000		

> 費用のグループの勘定科目を借方に、収益のグループの勘定科目を貸方に記入します。

> 損益計算書と貸借対照表の当期純利益（または当期純損失）は一致。

貸借対照表

資産	1,000,000	負債	300,000
		純資産	600,000
		純資産　当期純利益	100,000

> 「当期純利益」の場合は貸方に、「当期純損失」の場合は借方に記入することで、貸借対照表の左右の合計金額も一致します。

> 資産のグループの勘定科目を借方に、負債と純資産のグループの勘定科目を貸方に記入します。

CHECK!

> 会社の資産と負債を表す貸借対照表は、「バランスシート」ともいわれるの。

- ☐ 損益計算書を見れば、会社が1年間でどれくらいの利益を得たかがわかる

- ☐ 貸借対照表には、資産や負債など、期末時点での会社の財政状況が表されている

- ☐ 損益計算書と貸借対照表の当期純利益（または当期純損失）は一致する

損益計算書と貸借対照表

PART2でおぼえた勘定科目を、資産・負債・純資産・収益・費用という5つのグループに分類すると、損益計算書と貸借対照表が出来上がります。

残高試算表
令和〇年 3 月 31 日

借方残高	勘定科目	貸方残高
4,500,000	現　金	
2,000,000	売掛金	
	買掛金	1,000,000
	資本金	1,000,000
	売　上	20,000,000
12,000,000	仕　入	
3,500,000	給　与	
22,000,000		22,000,000

▼損益計算書

1年間の売上の合計（売上高）、販売した商品の原価（売上原価）、経費などをそれぞれ集計してまとめると、損益計算書が完成します。

収益と費用の差額が当期純利益です。マイナスの場合は当期純損失として右側に記入します。

費　用	金　額	収　益	金　額
売上原価	12,000,000	売上高	20,000,000
給　与	3,500,000		
当期純利益	4,500,000		
	20,000,000		20,000,000

収益グループの合計金額
20,000,000円
－
費用グループの合計金額
15,500,000円
＝
当期純利益
4,500,000円

▼貸借対照表

期末時点での資産や債権、債務を整理すると、貸借対照表が完成します。

> 当期純利益は、期末と期首の純資産の差額とも一致。マイナスの場合は当期純損失として左側に記入します。

資　産	金　額	負債・純資産	金　額
現　金	4,500,000	買掛金	1,000,000
売掛金	2,000,000	資本金	1,000,000
		当期純利益	4,500,000
	6,500,000		6,500,000

期末の純資産 5,500,000円 － 期首の純資産 1,000,000円 ＝ 当期純利益 4,500,000円

資産グループの合計額 － 負債グループの合計額

スゴイ……。合計額が一致するなんて、まるで手品みたいですね。

費用・収益のグループは損益計算書、資産・負債・純資産のグループは貸借対照表に反映されるのよ！

CHECK!

- ☐ 損益計算書では、「仕入」は「売上原価」、「売上」は「売上高」の科目になる

- ☐ 当期純利益は、収益と費用の差額

- ☐ 当期純利益は、期末と期首の純資産の差額とも一致する

知って
おきたい！

損益計算書の見方

損益計算書には1会計期間における会社の利益（Profit）と損失（Loss）が示されています。損益計算書が「P／L」（ピーエル）と略して呼ばれることが多いのは、そのためです。

損益計算書
令和〇年 4 月 1 日～令和〇年 3 月 31 日

項目	説明
・売上高	仕訳の勘定科目でいうところの「売上」
・売上原価	期首商品棚卸高 + 当期商品仕入高 －期末商品棚卸高 →126ページ参照
①売上総利益	売上高から売上原価を差し引いた粗利益 →126ページ参照
・販売費及び一般管理費	人件費や営業経費、減価償却費など
②営業利益（損失）	本業による利益。売上総利益から販売費及び一般管理費を差し引いたもの
・営業外収益	本業以外による収益 例）受取利息や家賃収入など
・営業外費用	本業以外による損出 例）支払利息など
③経常利益（損失）	会社が通常の活動であげる利益。 営業利益に営業外収益や営業外費用を加減したもの
・特別利益	予想外の利益や、数年に一度の臨時的な利益 例）固定資産売却益など
・特別損失	予想外の損失や、数年に一度の臨時的な損失 例）災害損失など
④税引前当期純利益（損失）	経常利益に特別損益を加減した、税引前の利益
・法人税等	法人税、住民税及び事業税
⑤当期純利益（損失）	税引前当期純利益から税金等を差し引いた利益

①売上総利益	=	売上高	−	売上原価
②営業利益（損失）	=	売上総利益	−	販売費及び一般管理費
③経常利益（損失）	=	営業利益	+ 営業外収益 −	営業外費用
④税引前当期純利益（損失）	=	経常利益	+ 特別利益 −	特別損失
⑤当期純利益（損失）	=	税引前当期純利	−	法人税等

会社が利益をあげるには「売上＞仕入＋経費」、つまり「売上高＞売上原価＋販売費及び一般管理費」であることが原則よ。

CHECK!

□ 損益計算書（P／L）には、利益（Profit）と損失（Loss）が示されている

□ 一般的に、もっとも重視されるのは本業の利益である営業利益

□ 金利払いが多い会社であれば、経常利益の分析評価も重要

ADVICE

「アラリ」と「ケイツネ」

一般的に、売上総利益（粗利益）は「アラリ」、経常利益は「ケイツネ」と呼ばれることもあります。

納税の基礎知識

新年度がはじまったら、2か月以内に、法人税等の確定申告書を税務署に提出しなければなりません。税金の計算や申告書の作成は、顧問税理士などの専門家が行うのが一般的ですが、納税についての最低限の知識はしっかり身につけておきたいものです。

会社の所得にかかる税金

　会社が納めるおもな税金には、法人税、法人住民税、法人事業税があります。

　決算によって税引前当期純利益が確定したら、接待交際費の調整など、税務に関する調整を行って所得金額を算出し、その所得金額に応じた税率をかけて税額を計算。確定申告書を作成し、税務署に納付します。

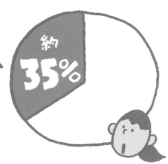

約 **35%**

- [ ] **法　人　税** (ほうじんぜい)
  国に納める、会社の所得にかかる税金
- [ ] **法人住民税** (ほうじんじゅうみんぜい)
  法人道府県税と法人市町村民税を合わせた地方税
- [ ] **法人事業税** (ほうじんじぎょうぜい)
  都道府県に納める、会社の所得にかかる税金

税金の納付期限

　原則として決算日から2か月以内に、税務署に納税しなければなりません。それを過ぎると延滞税、提出を忘れると無申告加算税といったペナルティが課せられるので、経理担当者は納付期限を把握しておく必要があります。

決算日

| 前期 | → | | ← | 次期 |

事業年度終了の翌日から2か月以内に確定申告書を提出し、納税しなければなりません。

3つの税金を合わせると、会社の所得の約35％を税金として納めることになるのよ。

納税を仕訳する

納税額が確定したら、決算時と納税時に以下のような仕訳を行います。

〔 決算時の仕訳〕

	借方		貸方	
3/31	法人税等	1,200,000	未払法人税等	1,200,000

損益計算書では、「法人税、住民税及び事業税」として処理されています。

確定した税額を法人税等という費用グループの勘定科目で借方に記入し、貸方には未払法人税等という負債グループの勘定科目を使います。

〔 納税時の仕訳〕

	借方		貸方	
5/31	未払法人税等	1,200,000	預金	1,200,000

今度は借方に記入して、未払法人税等をゼロにします。

確定申告をして、法人税等を預金で納付したときの仕訳です。

納税は
忘れずに。

CHECK!

☐ 会社が納めるおもな税金は、法人税・法人住民税・法人事業税

☐ 事業年度終了の翌日から2か月以内に確定申告書を提出し、納税する

☐ 決算時と納税時に仕訳を行う

決算書作成までの流れ

6

決算のしくみ⑦ **納税の基礎知識**

知って
おきたい！

消費税のしくみ

決算によって売上が確定したら、そのうちの課税売上高を集計して、売上にかかる消費税額を算出します。納税額が決定したら、申告書を作成して、税務署に消費税を納付します。消費税納税額の計算とインボイス制度については064ページをご覧ください。

消費税は収益や費用にならない

消費税は間接税なので、最終的に消費者が負担します。会社は仕入や売上を行う際に、消費税を受け取ったり支払ったりしますが、この消費税は収益や費用にはなりません。なぜなら、消費税は消費者が負担した税金を、一時的に預かっているにすぎないからです。

決算によって消費税の納付税額が確定したら、原則として会社は決算日の翌日から2か月以内に、消費税の確定申告書を税務署に提出し、消費税を納付することが義務づけられています。

消費税が計上される税抜処理方式での仕訳については、PART4を参考にしてね。

KEY WORD

「間接税」って何？

税金を納める義務がある者（納税者）と、実際に税金を負担する者が異なる税のこと。これに対し、所得税や法人税などは「直接税」といいます。

課税される取引、課税されない取引

商品やサービスを売った場合に、消費税が課税される取引を課税取引といいます。

また、土地の譲渡や個人への住宅の貸付、預貯金の利子などについては消費税がかかりません。このような取引を、非課税取引といいます。

ちなみに、消費税の税率には標準税率10％と軽減税率8％があります。軽減税率の対象となるのは「酒類・外食を除く飲食料品」「定期購読契約の新聞」などです。軽減税率の対象となる飲食料品は060ページをご覧ください。

$$\boxed{\text{当期の納付税額}} = \boxed{\begin{array}{c}\text{売上にかかる消費税額}\\ \text{(課税売上高×消費税率)}\end{array}} - \boxed{\begin{array}{c}\text{仕入にかかる消費税額}\\ \text{(課税仕入高×消費税率)}\end{array}}$$

☐ **課税取引** (かぜいとりひき)
　原則として、国内におけるすべての取引（商品の輸入
　販売をふくむ）

☐ **非課税取引** (ひかぜいとりひき)
　土地、有価証券、商品券などの譲渡、預貯金の利子
　など

☐ **免税取引** (めんぜいとりひき)
　商品の輸出や国際輸送、外国にある事業者に対する
　サービスの提供など

☐ **不課税取引** (ふかぜいとりひき)
　国外取引、寄付や贈与、出資に対する配当など

> 税抜処理方式を採用している場合、売
> 上にかかる消費税額は帳簿に記入さ
> れている仮受消費税（負債グループの
> 勘定科目）の合計額、仕入にかかる消
> 費税額は仮払消費税（資産グループ
> の勘定科目）の合計額と一致します。

> 国外への輸出、寄付
> や贈与については、
> 消費税が課せられな
> いのよ。

税込価格から、税抜価格と消費税額を計算する方法

例）税抜価格 1,200 円の税込価格を求める場合

$$\boxed{1{,}200円} \times \boxed{1.1} = \boxed{1{,}320円}$$

> 税抜価格1,200円
> ＋ 消費税額120円

消費税率10%の場合の計算方法です。
軽減税率8%の場合は、1.08をかけます。

> 割り切れない場合
> は、小数点以下を
> 切り上げます。

例）税込価格 1,800 円の税抜価格と消費税額を求める場合

$$\boxed{1{,}800円} \div \boxed{1.1} = \boxed{1{,}636}.3636\cdots$$

消費税率10%の場合の計算方法です。
軽減税率8%の場合は、1.08で割ります。

$$1{,}637円$$
税抜価格

$$\boxed{1{,}800円} - \boxed{1{,}637円} = \boxed{163円}$$

な～るほど！

消費税

帳簿の保存期間と保存方法

仕訳帳や元帳などの帳簿、請求書や領収書は、決められた期間、保存しなければなりません。これらは、取引があったことの証明になるからです。ここでは、法令によって定められている帳簿書類の保存期間と保存方法について説明します。

帳簿書類の保存期間

　申告によって納めた税金は、申告内容に誤りがないか税務署に確認を求められる場合があります。そのときに必要なのが、決算書や確定申告書の作成に用いた帳簿書類です。経理担当者は、決算事務が終了した後も帳簿書類を整理し、いつでも取り出せるように管理しなければなりません。

　主要簿や補助簿などの「帳簿」や、領収書や請求書などの「証憑」（しょうひょう）は、一定期間保存することが各種の法律によって義務づけられています。

【10年間の保存義務があるもの】

・主要簿（元帳、仕訳帳）

・各種補助簿（現金出納帳、売掛帳、買掛帳、

　仕入帳、売上帳、固定資産台帳など）

・決算書（貸借対照表や損益計算書など）

> 帳簿や領収書は、取引があったことを証明する大事な資料なの。決算事務が終了したからといって、すぐに捨てちゃダメよ！

【7年間の保存義務があるもの】

・現金や預金の入出金の証拠となる

　領収書、預貯金通帳、請求書、

　納品書など

※保存期間と対象は、法律（商法・会社法・税法）によって異なります。

KEY WORD

「税務調査」とは？

税務署の職員が会社を訪れて、申告と納税が正しく行われているかをさかのぼって調査すること。税務調査では、会社に帳簿書類の提出が義務づけられていて、調査官が記入漏れや不正がないかを調べることができます。

デジタルデータでやりとりした請求書や領収書

オンライン取引の証憑類（請求書や領収書など）はデジタルデータとして保存しなければなりません。

たとえば、Amazonや楽天での商品の購入、オンラインバンキングを利用した振り込み、クラウドサービスの契約などでは、オンライン上で領収書をダウンロードします。また、メールに添付された請求書などの証憑類は、紙に印刷して保存することはできません。必ずデジタルデータとして保存します。

なお、現金でモノを購入したときなどにもらう紙の領収書や、オンライン取引以外の取引で郵送されてきた紙の請求書などは、そのまま証憑として認められますが、スキャナーなどで読み込んでデジタルデータとして保存することもできます。デジタルデータとして保存すれば、紙の領収書や請求書などは残しておく必要がありません。

電子化されている証憑類は、電子帳簿保存法に対応したソフトウエアに保存します。会社が使用しているソフトウエアと、電子証憑類の保存先を確認しておきましょう。

電子帳簿保存法に対応した「会計ソフト」を利用していれば、帳簿類もプリントアウトする必要はないのよ。

KEY WORD

「電子帳簿保存法」とは？

これまで紙での保存が義務づけられていた証憑類を、一定の要件を満たしてデジタルデータとして保存できるようにした法律（2024年1月から適用）。デジタルデータで受け取った請求書などは、原則として紙に印刷して保管することはできません。

フローチャートでわかる
決算事務の流れ

PART6のおさらいとして、決算事務の流れをフローチャートにまとめました。このフローチャートを見れば、3月期決算の会社では、3月から5月にかけて最大のヤマ場を迎えることがわかります。

試算表を作成する → **128** ページ

〔3月期決算の場合〕
3月下旬

（目的）●仕訳帳から元帳への転記が正しくなされているかを確認する

〔決算の準備〕

3月下旬～4月

棚卸明細表を作成する → **130** ページ

（目的）●棚卸をして在庫の数量を調べ、帳簿上の数字と合っているかを確認する
●期末商品棚卸高を確定して、売上原価の計算を行う

期をまたいだ費用・収益 → **132** ページ

（目的）●すでに記入されている支出や収入を、次期の会計期間に入れる
●決算期以降に予定されている支出や収入を、当期の会計期間に入れる

減価償却費を計算する → **136** ページ

（目的）●減価償却費を計算して、当期の資産価値を求める

法人税等を計算する → **148** ページ
消費税を計算する → **150** ページ

〔決算書の作成〕

5月上旬

損益計算書を作成する → **142** ページ

（目的）●1年間の会社の利益と損失を明らかにする

貸借対照表を作成する → **142** ページ

（目的）●期末時点での財務状況を明らかにする

決算シーズンは、経理担当者にとって1年でいちばん忙しい時期なのよ!

〔決算報告〕

5月下旬

税金を申告して納税する → **148** ページ

（目的）●確定申告をして、法人税・法人住民税・法人事業税などを納める

INDEX

【50音索引】

※ は、勘定科目として説明されている用語です。

※用語をくわしく解説しているページは、**太字**で表しています。

156

\なるほど/

● 監修者紹介

宇田川 敏正 (うたがわ　としまさ)

宇田川税理士事務所所長（東京都港区新橋）。
港パートナーズ LLP 代表パートナー。
税理士、AFP（アフィリエイテッド・ファイナンシャル・プランナー）、登録政治資金監査人。
　大学卒業後、大手ゼネコン（総合建設業）に入社し、建築・土木の各工事現場の工事事務全般（経理・労務等）を担当。
平成 13 年、税理士として独立開業。クライアントは、個人事業者から上場企業まで多岐に渡り、誰にでもわかりやすく、納得のいく税務・会計指導を行っている。具体的には、クライアントに対して、適正な月次決算体制の構築を行い、①経営計画の策定支援（PLAN）、②計画に沿った経営活動（DO）、③月次巡回監査による検証（CHECK）、④決算対策などの対策（ACTION）の PDCA サイクルの定着を支援していくことで、企業の永続的発展を目指して活動を行っている。
平成 24 年 11 月、中小企業経営力強化支援法に基づく経営革新等支援機関に認定。

本書の内容に関するお問い合わせは、**書名、発行年月日、該当ページを明記**の上、書面、FAX、お問い合わせフォームにて、当社編集部宛にお送りください。**電話によるお問い合わせはお受けしておりません。**また、本書の範囲を超えるご質問等にもお答えできませんので、あらかじめご了承ください。

　FAX：03-3831-0902

　お問い合わせフォーム：https://www.shin-sei.co.jp/np/contact-form3.html

改訂3版　経理の教科書 1年生

2024年 1 月 5 日　初版発行

監 修 者	宇 田 川 敏 正	
発 行 者	富 永 靖 弘	
印 刷 所	株 式 会 社 高 山	

発行所　東京都台東区　株式　**新星出版社**
　　　　台東 2 丁目24　会社
　　　　〒110 - 0016　☎03(3831)0743

© SHINSEI Publishing Co., Ltd.　　　　　　Printed in Japan

ISBN978-4-405-10437-2